回想の八田與一

北國新聞社

烏山頭《うさんとう》ダムと嘉南《かなん》平野

1930年、八田與一技師は烏山頭ダムと濁水渓《だくすいけい》の2カ所を水源とし、15万ヘクタールの嘉南平野をうるおす壮大な灌漑《かんがい》システム、嘉南大圳《たいしゅう》を造り上げました。写真手前は烏山頭ダム湖の珊瑚潭《さんごたん》です。湖の左奥に長さ1273メートルのダム堰堤《えんてい》があります。写真奥は台湾海峡まで広がる嘉南平野の一部です（全体は56ページの地図を参照）。

写真提供:台湾政府交通部観光局西拉雅国家風景区管理処

回想の八田與一　目次

6 日台交流の架け橋
〜1946年

本書について

八田與一技師の生誕130年を記念し、遺族や技師と関係が深かった人物の回想記を通して技師の業績と人物および技師に関わる日台交流の歩みを紹介しています。

戦前に発表された回想記は現代語訳し、それぞれに出典を表示しています。

技師への理解を深めるために4氏から寄稿をいただきました。回想と寄稿以外は北國新聞社出版局がまとめた文章です。

1 1886−1910年

一中、四高、東京帝大工科大へ

金沢市今町の八田技師生家に建つ生誕地碑

裕福な農家に生まれた五男坊

八田與一技師は、1886（明治19）年2月21日に、農業を営む八田四郎兵衛《しろべえ》とさと夫妻の五男として生まれました。八田家は江戸時代の中頃に、河北潟《かほくがた》に面する八田村（現在の金沢市八田町）から今町村《いままちむら》（同市今町）へ移住し、約15ヘクタールの田畑をもつ大きな農家になって、牛や馬を売り買いする商売も行い、屋号を「八田屋」といいました。

父の四郎兵衛という名は八田家の当主が代々名乗った名前で、與一の父親で5代目でした。

母のさとは9人の子供を産みましたが、女の子3人は幼いうちに亡くなり、與一が生まれたことで、長男誠一《せいいち》、次男又五郎《またごろう》、三男智証《ちしょう》、四男友雄《ともお》、四女くんの6人になりました。

八田家は、当時、豪農と呼ばれた裕福な農

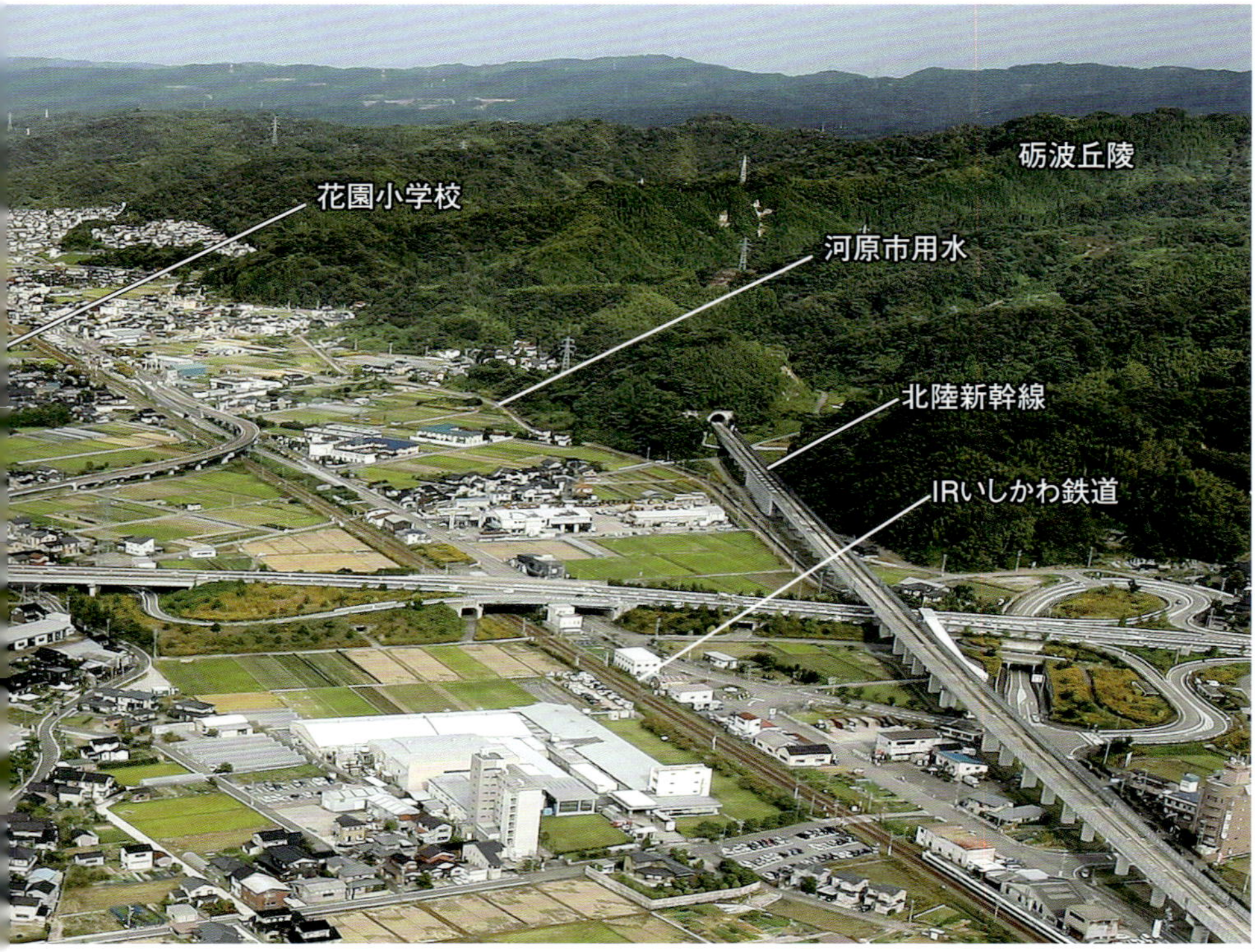

家で、八田技師はめぐまれた家庭環境に育ったのです。

里山と潟と海と用水と

八田技師の生家がある今町は、金沢市の北部に位置し、東には富山県からなだらかな里山が連なる砺波《となみ》丘陵が伸び、2キロメートルほど西には森下川《もりもとがわ》が流れ込む河北潟があります。さらに西へ向かい内灘《うちなだ》砂丘を抜けると日本海になります。

山と潟の間の平野部には田園が広がり、稲作が行われるとともに、今町と隣の月影町を中心にした一帯は、江戸時代から加賀藩が認める花卉《かき》の生産地で、時代を経た現在まで続いています。お盆《ぼん》に供える仏花や正月に飾る松花《まつばな》をはじめ、春は梅、桜、桃などの花木、秋には萩《はぎ》や菊、桔梗《ききょう》、鶏頭《けいとう》など四季それぞれに観賞用の花を生産しています。

今町村が1889（明治22）年に町村制の

八田技師が育った花園地区の様子（写真は2010年撮影）

八田技師のふるさとを流れる河原市用水

施行により近隣の村々と合併した時、村の名前が花園村となったのは、このあたりが花の名産地だったからです。

　豊かな田園を潤していたのは、森下川の右岸、金沢市不動寺町で取水し、砺波丘陵のふもとに沿って北東に導水して津幡川《つばたがわ》に注ぐ河《か》原市《わらいち》用水です。用水の守り神である波自加弥《はじかみ》神社の記録によると、１６８５（貞享《じょうきょう》２）年に開削に着手し、30年の歳月をかけて完成。その後も、山麓から流入する雨水や土砂対策、漏水対策などの改修を重ね、今日に至っています。

　後に台湾の烏山嶺《うさんれい》の山から荒涼とした嘉南《かなん》平野を見下ろした八田技師は、幼い頃から眺めたふるさとの美しい田園風景を、この地に壮大なスケールで実現できるとイメージしたに違いありません。

片道10キロを歩いて通学

　１８９５（明治28）年、日清戦争に勝利した日本は清国から台湾を割譲され、植民地経営を始めました。與一少年は、１８９６年に今町尋常小学校を卒業。１８９９年３月に森《もり》下《もと》高等小学校を卒業し、その年の４月に本多町（現在の石川県立図書館周辺の地）にあった石川県立金沢第一中学校（一中《いっちゅう》）に入学し、毎日、今町から片道約10キロメートルを歩いて通学しました。２０１１（平成23）年５月、台南市が八田與一記念公園の開園に合わせ、

八田技師の金沢一中卒業写真

公園前の道路を「八田路《はったろ》」と命名したことから、技師の生家前を通る市道の愛称を花園小児童から募集し、「與一の道」と名付けました。

一中の同級には仏教学者で広島大学教授となった英《はなぶさ》秀翠《しゅうすい》、内村鑑三《うちむらかんぞう》の無教会主義の後継者となったキリスト教伝道者の藤井武《ふじいたけし》らがいました。

一中での與一の成績は優秀で、卒業名簿には同級生99名の中の7番と記されています。

この頃、父親から農業経営を厳しく教えられていた長男誠一は、一家を担うとともに郡会議員を務めるなど地域の有力者となっていました。次男又五郎は、母親の里へ養子に出ています。

三男の智証は一中の前身である共立尋常中学に学びました。後に浄土真宗の近代的な革新を進めた僧侶である暁烏敏《あけがらすはや》と同窓で、終生、親友でした。卒業後、金沢医学専門学校へ進み、医師となって病院に勤務していました。

與一のすぐ上の兄、四男友雄は一中を卒業後、第九師団に入隊しました。1904（明

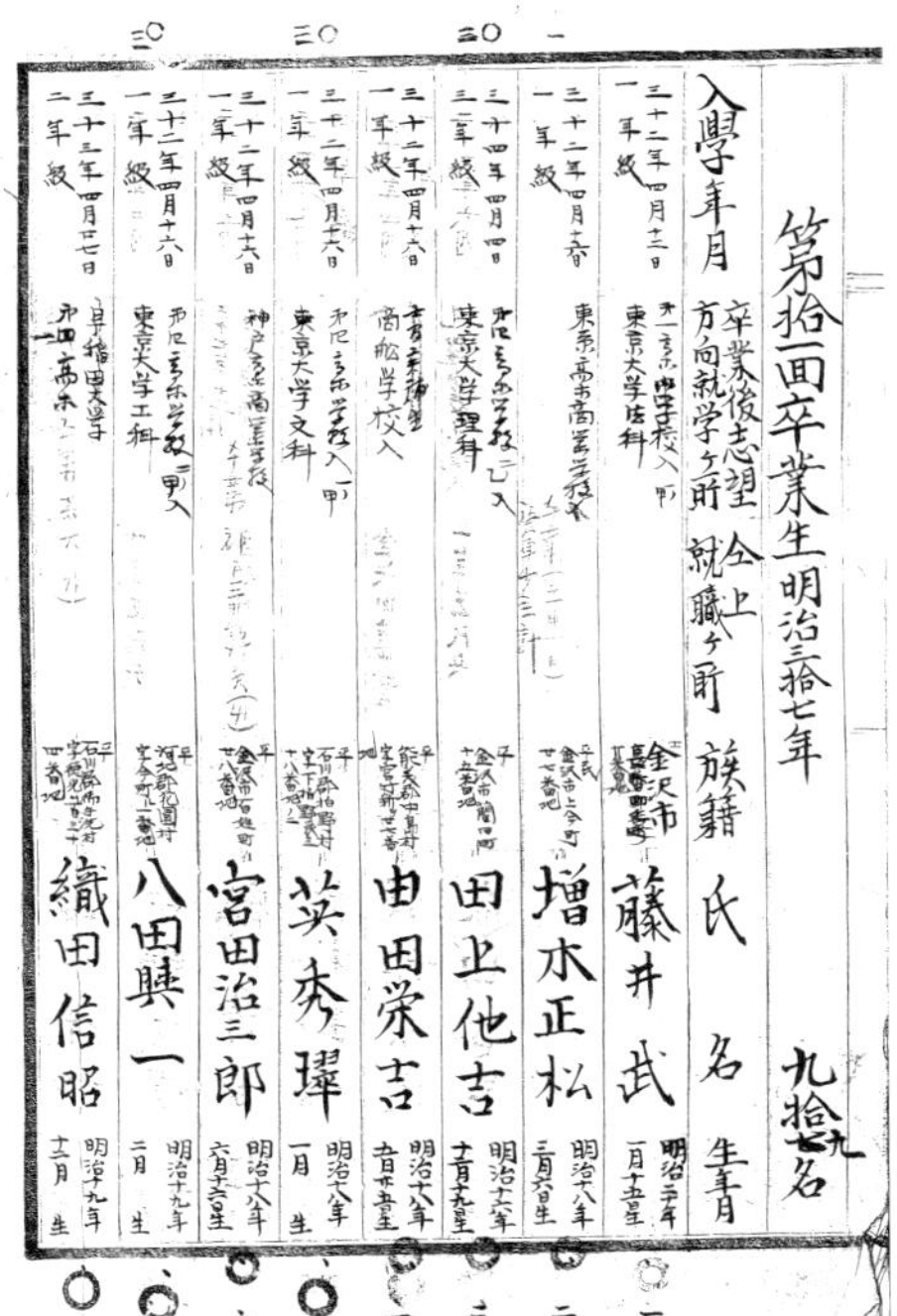
第拾一回卒業生 明治三拾七年

九拾九名

入學年月　卒業後志望 方向就学ヶ所 就職ヶ所　族籍　氏名　生年月

藤井武

増木正松

田上他吉

由田栄吉

英秀璋

宮田治三郎

八田與一

織田信昭

一中の第11回卒業生名簿（明治37年、金沢泉丘高校蔵）

治37）年2月に日露戦争が始まり、同年8月、第九師団は旅順《りょじゅん》包囲戦を戦いました。友雄は歩兵第七連隊の上等看護兵として従軍し、激しい戦闘の中で戦死しました。

西田幾多郎にドイツ語を習う

1904年5月11日、與一は第四高等学校（四高）二部甲類に入学しました。二部は工科、甲類は第一外国語が英語という意味です。

四高の流れをくむ金沢大学には與一の第3学年の成績だけが残っており、その成績は25人中9番と記録されています。微分積分、力学、物理、化学、地質鉱物はトップの生徒と比べても20点ないし30点の開きがあり、決して秀才型の生徒ではなかったようです。

ドイツ語講読欄に、後に『善の研究』を著し、日本を代表する哲学者になっていく西田《にしだ》幾多郎《きたろう》が付けた点数があるので、八田技師は、第二外国語のドイツ語を西田に習っていたことが分かります。

八田技師の四高卒業写真

東京帝大の恩師・広井勇

1907（明治40）年7月に四高を卒業した與一は、9月、東京帝国大学工科大学に入学するために上京しました。

與一が進んだ土木工学科の専任教授は広井《ひろい》勇《いさみ》でした。広井教授は、学問の知識を教えただけでなく、土木技術者の心構えを教え子たちにたたき込む熱心な教育者であったことで知られます。

その一つ目は国民、人類のための工学とい

う考えでした。広井は1862（文久《ぶんきゅう》2）年、土佐（高知県）に生まれました。早くに父親を亡くし、苦学して授業料のほか、生活費も支給された札幌農学校に入学しました。内村鑑三、新渡戸《にとべ》稲造《いなぞう》らと同期で、1877（明治10）年に彼らとともに洗礼を受けました。

熱心な青年クリスチャンだった広井は、ある日、「この貧乏国にあって民に食べ物を与えずに宗教を教えても益は少ない。僕は今から伝道を断念して工学に入る」と告げ、宗教について沈黙の人になった、と内村鑑三は述懐しています。

與一の8年先輩で広井教授に学んだ青山士《あおやまあきら》が、大工事となった信濃川大広津《おおこうづ》分水路改修工事を完成させた際、竣工記念碑に「人類のため国のため」と刻んだのは、いかにも広井の門下生らしいところです。

二つ目は、絶対に壊れない構造物をつくる設計とそのための現場主義という責任感でした。広井はその後、母校札幌農学校工学科の教授になり、秋田港、函館港、小樽港の大工事を成し遂げました。小樽港の難工事について、セメントを納入した浅野総一郎《あさのそういちろう》は、「現場監督の博士は、いつお見受けしても、早朝から既に合羽《かっぱ》服に身を固めて、ご自身でセメントと砂と砂利とを調合し、水でこねておられる」と回想し、この工事の重要性について広井が「私たちの信用と責任はこの防波堤にかかっている。防波堤が割れれば自分も割れるが、浅野セメントも割れてしまうのである」と、浅野に向かって極言したと記しています。

広井の講義はほとんどが英語で行われたといいます。学生與一は、英語の原書を読むなど土木に関する最新知識を猛勉強し、広井の教えを胸に、1910（明治43）年に卒業しました。そして、日本統治が始まって15年が経過し、本格的な近代化政策が始まった台湾に活躍の場を求め、海を渡りました。

回想 1

八田屋の與一《よいっつぁん》さん

八田技師の親戚
執筆時、東北帝大教授
八田四郎次《はったしろうじ》

◉遊ぶときは與一さんが先頭

この文章を書いている私は、八田一門の一人で、お互いの生家も100メートル余りしか離れていない近所です。しかし與一氏とは年齢が9歳の差がありますので、與一氏の郷里時代のことは残念ながら詳しくは知りません。

もっとも印象深いのは「八田屋の與一さん」（「よいっつぁん」と発音する）の愛称です。「八田屋の與一さん」といえば、幼少の時から大学を卒業して台湾で勤務されるに至るまで、今町の村の花形役者で、人気の中心でした。與一さんの周りには同年輩の友だちだけでなく、年上の者から筆者のようなずいぶん年少の者までが、いつも大勢集まっていました。山へ行くにも泳ぎに行くにも與一さんが先頭に立たれると、皆がぞろぞろ付いて行ったものです。與一さんはい

写真提供・山形大学

八田四郎次（1895～1973年）　河北郡今町（現金沢市）生まれ。1919年東京帝大工学部応用化学科卒。26年東北帝大助教授、29年米国マサチューセッツ工科大学留学、38年東北帝大教授、54年工学部長。ガスの吸収速度に及ぼす促進効果を表す係数を最初に提案したことから、この係数は「八田数」と呼ばれる。戦後は化学機械協会会長、山形大教授などを務める。

つも明朗快活で、話を聞くと愉快であるとともに教訓に富んだものでした。

このように村人のだれにも好かれて、「與一さん、與一さん」と呼ばれて親愛されたのです。それで筆者も実感にぴったりくる「與一さん」と記すことにします。

與一さんは囲碁をいつ頃習いはじめたか、筆者は知りません。しかし、大学生時代には夏休暇などに村のヘボ連中を相手に打っておられたこともありました。実力は「初段に井目《せいもく》」ということで、当時まったく囲碁が分からなかった筆者も、與一さんと村人との実力の違いに驚いて、初段というものはそんなに強いものか、とつくづく感嘆したものです。

◉金沢一中の銅像建立をめぐる卓見

次は筆者が自分の兄・作太郎から聞いた話なのですが、與一さんが非凡な洞察力をもっていたことの一端がうかがわれます。

大正初年頃の話です。母校金沢一中同窓会は卒業生と学生の尊敬の的であった故久田校長*の銅像建設を計画しましたが、同窓生と学生との寄付金だけでは建立費が少し不足したので、久田校長の義兄である大阪商船会社の社長中橋徳五郎氏に援助を頼んだところ、中橋氏は断ったのです。やむを得ず貴重な同窓

この回想は、1943（昭和18）年5月8日発行『水明り』掲載の八田四郎次「與一さんの思出」の一部を抜粋しました。「ですます」調に現代語訳してあります。

＊久田校長＝久田督金沢一中第3代校長。1899（明治32）年7月に着任し11年間在任。

会の基金から不足分を補充したのですが、同窓会では中橋氏が義弟に対して冷淡で、ケチであると痛烈に憤慨していたのです。ところが、これを聞かれた與一さんの意見は次のようなものでした。

「それは銅像建設係の考えが足らないからである。久田校長の徳を讃《たた》えるための事業ならば、あくまで子弟だけの力で完成すべきものである。資金が不足で故校長の親類の金持ちの援助も受けたということでは、かえって久田校長の徳を傷つけることになる恐れがある。中橋さんはおそらくこのような考えから断ったものと思う。だから銅像建設は当然同窓生と生徒との寄付だけで完成させるべきで、もし不足ならば同窓会が負担すべきである。そうしたうえで中橋氏へは事情を説明して、〝同窓会への寄付〟を願うべきである。もしそうしていたら中橋氏もおそらく快く応諾されただろうに」。

ごもっともな卓見です。

◉本人同士抜きで即座に決まった縁談

次は、與一さんと外代樹《とよき》夫人との縁組について、当時、與一さんの兄上である智証《ちしょう》さんから聞いたことです。

夫人の父上である米村吉太郎氏は河北郡の出身で、金沢で開業している医師です。筆者も存じていますが、智証さんとは特に昵懇《じっこん》の間柄でした。ある日、智証さんが米村さんに「台湾にいる弟が三十を過ぎたので嫁をもらわなければならないが、適当な候補者はいませんか。弟は私を信頼して金沢方面の出身で私が気に入るのならばよいと言っています。ほかに条件はありません」と言われたら、米村さんはちょっと考えただけで、「私の娘はいかがでしょう。今年女学校を卒業したので十七歳。* 年齢が少しちがうが、似合うように思います」とこたえました。智証さんは「あなたがそうお考えなさるならば申し分ないでしょう」と。こういうわけで、実質的には、媒酌人もなしに即座に話がだいたいまとまったのです。

與一さんのような立派な青年には嫁の候補者がたくさんあったでしょうが、勤務地が台湾とか満州とかいうと娘やその親たちが躊躇《ちゅうちょ》することが多かったのです。それなのに米村さんが即座にご自身の娘を推挙されたのは、まったく智証さんを信じ、ひいては與一さんを信じ、また我が娘を信じたからでしょう。それ以来、当のお二人ともご満足で急速に婚姻が成立したわけです。智証さんは「なんの調査も詮議もせずに昵懇《じっこん》の仲からもらえたので両方ともに大満足です」と話していました。

---

*十七歳＝ここでは数え年の年齢で、満年齢では16歳。

寄稿 1

青年與一、立山に登る

伊東平盛《へいもり》の日記から

農学博士 伊《い》東《とう》平《ひら》隆《たか》

1906(明治39)年7月、20歳の八田與一は友人伊東平盛ら3人とともに立山に登山した。この時の様子を詳しく書いた平盛の日記が残されている。伊東平盛は筆者の祖父である。

若いころの八田與一についてはあまり記録が残っていない。この日記は、與一の青年時代の記録としては最も古いものではないかと思われる。

◉與一と平盛は小学校の同級生

八田家と伊東家は江戸時代からの親戚で、平盛の母てると與一はいとこに当たる。両家とも大きな農家で、伊東家は八田家から歩いて10分くらいである。

與一は1886(明治19)年2月生まれ、平盛は1887年5月生まれで、現

伊東平隆 1942(昭和17)年、金沢市生まれ。金沢大附属高、京都大農学部農芸化学科卒、農学博士。1965年旭化成入社。同社常務理事ライフサイエンス基礎研究所長を務めて後退職、金沢に帰る。2004年、自宅に「伊東哲ギャラリー」を開設。著書に『人生はDNAの出たとこ勝負』(2010年)がある。

在の学校制度では與一は平盛の2学年年長になる。ところが、今町尋常小学校（現在の花園小学校）の卒業生名簿では2人とも明治28年度（1896年3月）の卒業になっている。2人は森下《もりもと》高等小学校（現森本中学校）へ進み、1899（明治32）年にそろって卒業している。その後、金沢第一中学校（現金沢泉丘高校）へ進むのだが、與一は1904年、平盛は1905年の卒業となっている。

この間の事情についてはよく分からない。森下高等小学校の1899年の卒業生名簿を見ると、明治17年生まれから明治21年生まれまで、年齢差にして4年の幅がある。当時の小学校は入学年齢について、あまり厳格でなかったのかもしれない。ともかくも與一と平盛は7年間同学年同クラス（1学年1クラスだった）の友人として過ごしたのである。もともと近い親戚同士であったことも合わせて、その後の人生を通じて親しい友人関係を続けることになったものと思われる。

伊東平盛肖像 伊東哲画

（伊東平隆氏蔵）

◉親しい4人で立山登山

平盛の日記によれば1906（明治39）年7月に八田與一は平盛

ら友人3人と富山県の立山に登山している。

一行は與一（20歳、第四高等学校学生）、伊東平盛（19歳、農業）、平盛の弟哲《さとし》（15歳、金沢一中生）、および木谷弥一（18歳、金沢一中生、平盛の母方の従《い》兄弟《とこ》）の計4人であった。

平盛の日記から登山の様子を振り返ろう。日記の文章は少し気負った、時に美文調で書かれていて読みにくい。一部要約しながら現代語にしてみた。

平盛の日記　明治39年

7月11日　八田與一君が来た。立山登山についていろいろ相談した。
7月14日　八田與一君を訪ねた。快談の後、太陽（明治28年発刊の総合雑誌）の一巻全部とシルレル物語（シルレルはドイツの詩人シラー）、および滑稽本《こっけいぼん》2冊を借りて帰る。
7月24日　八田君と共に明日立山登山すると約束を交わし、木谷氏を誘った。

◉寝坊して「止《や》めた」と言う與一

7月25日　晴れ。この日は悶着《もんちゃく》が絶え間なかった。我々は旅行準備を整え出発しようとしたが、八田君は朝寝坊をして、しかも登山は止めたなどと言う。しかし木谷君が既に津幡駅で待ち合わせしていることで一件落着し、八田君は一足先に行って富山で待つことにした。ところが我々は汽車に乗り遅れ、11時の汽車に乗って富山着は1時55分であった。富山着後4名同道し、徒歩で芦峅《あしくら》へ向かった。富山郊外で昼食をとったのは3時ころになっていた。これから芦峅まで6里《り》(約24キロ)といわれる。宿所は佐伯家であった。この日は祭礼の日で、舞踊も行われていた。祭りと舞踊を見学して、10時半に就寝した。本日は近来稀《まれ》に見るほど汗をかいた日であった。夜、仲語《ちゅうご》(立山の神と人との仲立ちをする人の意味で、ガイド兼ポーター)を雇った。仲語は白米、草鞋《わらじ》などを買って翌日の準備をした。

7月26日 晴れ。重いものはすべて仲語に渡し、笠とござだけで身軽に出発した。常願寺川の河原は広々として、道すがら奇岩が突然道路に横たわり、向こう岸には耕地の間に岩石が出没し、進むごとに景色を変えた。平坦な道が厳しい山道に変わってきた。道元大師を祭るところを過ぎ、荳《まめ》の藤橋も軽く渡り一休みした。これから仲語の案内するところが多くなった。材木坂、美女杉(現在のケーブルカーの終点美女平)、禿杉、弥陀ヶ原、一の谷、獅子鼻、畜生の原、鏡石などのあまり特徴のない名所を過ぎ、今なお白雪に覆われて明るい野を過ぎ、一面の雪で閉ざされている室堂に到着した。本日の行程は8里(約32キロ)だった。その後地獄谷めぐりをした。天候は一変して冬の日のような嵐となり、寒さが肌を刺すようだった。夜は交代で焚火《たきび》をした。風は益々《ますます》荒れていた。

7月27日　昨日の暴風雨が晴れ、みんなで喜び合って浄土山および雄山神社に参詣した。一時晴れていた空はまたも劇変し、四方が真っ暗で一寸先も見えない。風が荒れ上も下も雲霧に包まれ恐怖を感じた。風で耳が凍るようだったが、勇気を奮い起こして急峻《きゅうしゅん》な岩の道を上りつめて参拝した。帰路の出発は8時半過ぎとなり、姥石という愚にもつかないものを見て、追分から立山温泉に向かった。これまで道は悪く、2里（約8キロ）の距離を経て漸《よう》く到着した。豚小屋同然の建物であったが無理をして一夜を明かした。同宿は8名。本日の行程6里（約24キロ）。

◉途中で車を雇い富山へ戻る

7月28日　雨、朝早く出発した。途中草鞋が切れ4里（約16キロ）ほど大いに困った。雨は激しく、大石が道端に起立する様子は面白かった。それから原和田などの村を過ぎ、岩峅《いわくら》から上瀧に出て富山に入り、6時発の汽車に乗る予定だった。しかし上瀧で哲が疲労困憊《こんぱい》し全く歩けなくなった。私は哲に付き添っていたが、ほかの2人はドンドン先へ行ってしまい、時間が迫ってこのままでは富山に一泊せざるを得なくなってしまった。やむを得ず車を雇って富山へ向かった。津幡駅で下車し、哲は津幡駅前中条の庭田家に泊まった。我々は帰宅し風呂に入り、皆と話をしてから直ぐ就寝した。本日の行程は約12里(約48キロ)であった。

7月29日 曇り、寝て暮らす。午後八田君が来た。

7月30日 曇り。午後哲が来た。木谷君は帰った。八田君が遊びに来た。寝て暮らす。

8月7日 午前読書。午後八田君へ遊びに行った。雨。

◉馬に乗ってきた與一

9月16日 ザーザー降りの雨が降り止まない。食事の後、大の男4人がごろごろ寝たりしているのはみっともない。明日は八幡と二日市との合同の獅子舞が来るので、その用意のため寿司を作るということで母の手伝いをした。哲と政外《まさと》(平盛兄弟の三男、この時11歳)が相撲をしたり芸をしたり将棋をしたりしているところへ、八田與一君が乗馬で訪ねてきた。雨もようやく上がったので、政外が馬に乗って出口を行ったり来たりした。一度駆けたところ落馬してしまいその滑稽だったこと。夕食の後、哲らは泊まることにし、森本へ芝居見物に出かけた。私は木谷君と一緒に八田家を訪ね、與一君、誠一君に会い、やはり森本へ行って芝居見物をした。

◉遠慮のない若者同士

平盛日記の立山登山に関わる部分は以上である。若い友人同士遠慮なく、ややドタバタしている様子が微笑《ほほえ》ましい。與一も朝寝坊して登山は止めたなどと言ってみたりして、後の偉人のイメージとは少し違う。森本から富山までは列車に乗った。金沢から富山までの鉄道は1899(明治32)年に開通したばかりで、まだ新しい乗り物であった。富山から先は全行程徒歩である。

7月とはいえ標高3000メートル級の立山は、冬のような寒さの日もある。明治の人たちは今と違って、草鞋や笠、ござなどで登ったようだ。與一たちも凍えるような嵐に襲われて、かなり危険な状態ではなかったかと思われる。哲は最終日ついに途中で動けなくなってしまったが、何とか車を雇って切り抜けたようだ。平盛も與一もよほど疲れたのか、数日間はぐうたらして過ごしている。

9月になって與一は平盛の集落の秋祭りに乗馬で訪れ、夜は芝居見物に出かけている。今ならばスポーツカーに乗って映画に行くところであろうか。今の

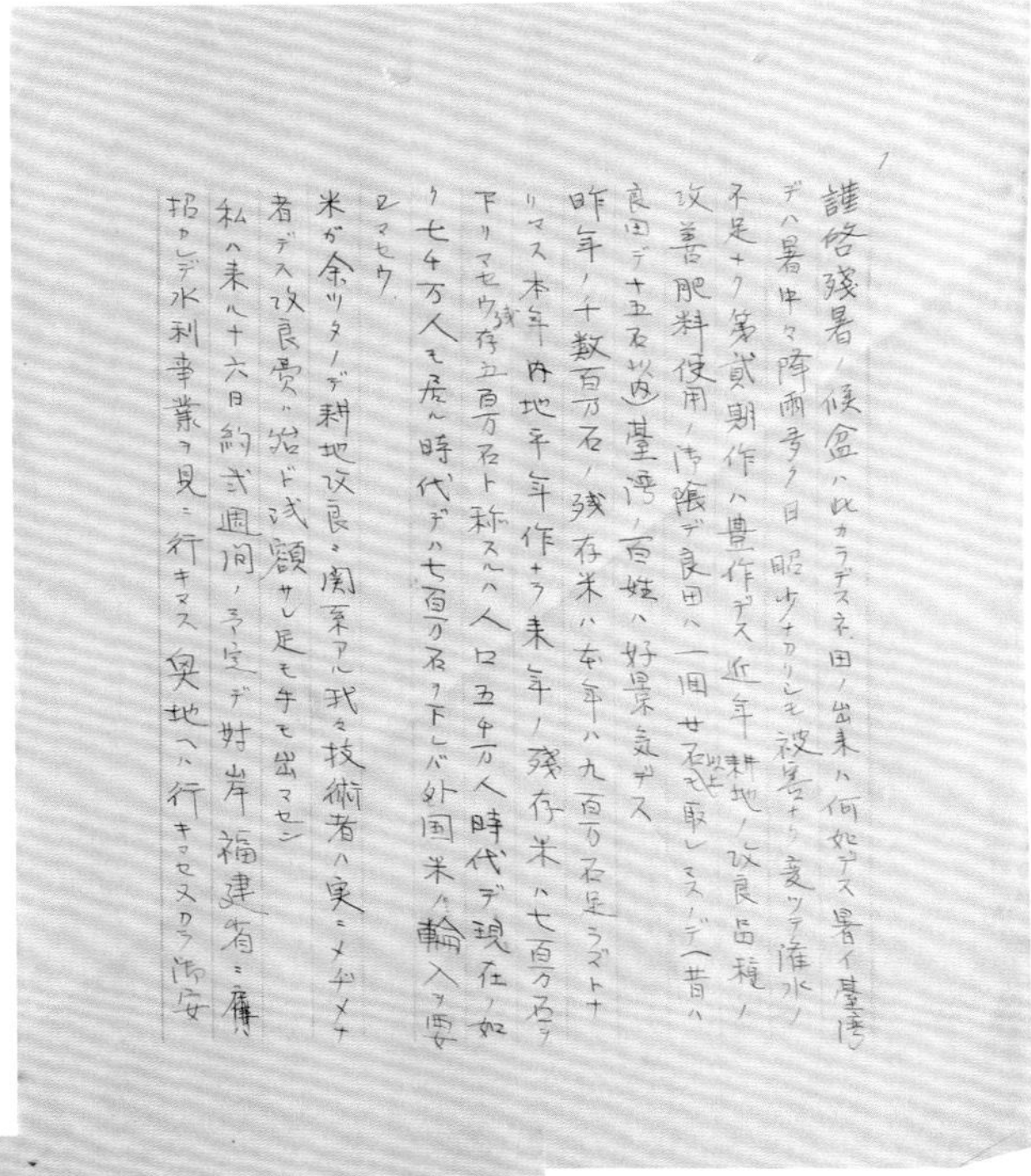

1
謹啓残暑ノ候盆ハ此カラデス京田ノ出来ハ何如デス暑イ臺湾
デハ暑中々降雨多ク日照少ナカリシモ被害ナク変ツテ灌水ノ
不足ナク第貳期作ハ豊作デス近年耕地ノ改良品種ノ
改善肥料使用ノ御陰デ良田ハ一甲廿石以上モ取レマスノデ（昔ハ
良田デ十五石以内）臺湾ノ百姓ハ好景気デス
昨年ノ千数百万石ノ残存米ハ本年ハ九百万石足ラズトナ
リマス本年内地平年作ナラ来年ノ残存米ハ七百万石ヲ
下リマセウ残存五百万石ト称スルハ人口五千万人時代デ現在ノ如
ク七千万人モ居ル時代デハ七百万石ヲ下レバ外国米ノ輸入ヲ要
シマセウ
米ガ余ツタノデ耕地改良ニ関係アル我々技術者ハ実ニメチャメチャナ
者デス改良費ハ殆ド減額サレ足モ手モ出マセン
私ハ来ル十六日約弐週間ノ予定デ対岸福建省ニ傭ハ
招カレデ水利事業ヲ見ニ行キマス奥地ヘハ行キマセヌカラ御安

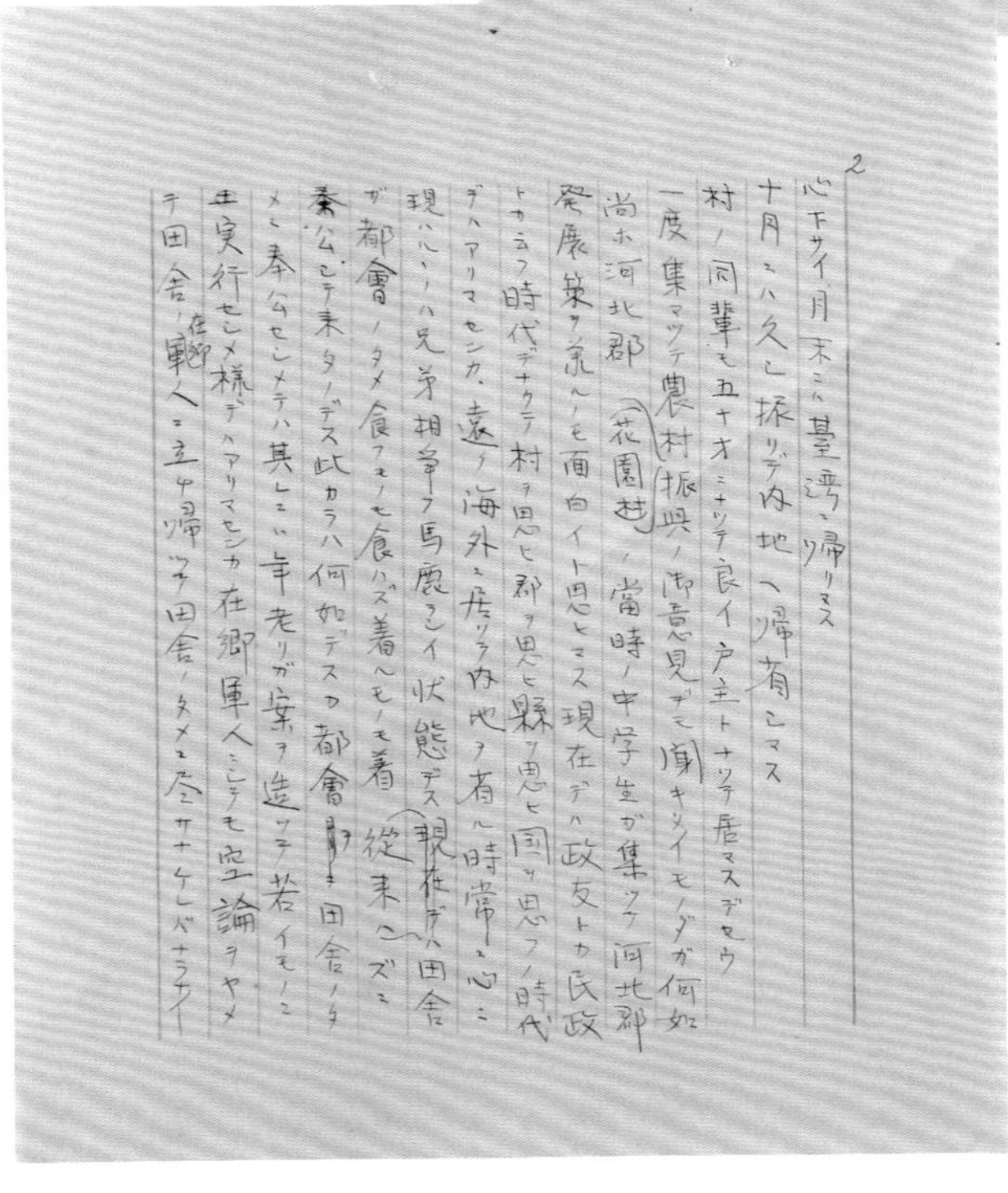

2
心下サイ月末ニハ臺湾ニ帰リマス
十月ニハ久シ振リデ内地ヘ帰省シマス
村ノ同輩モ五十才ニナツテ良イ戸主トナツテ居マスデセウ
一度集マツテ農村振興ノ御意見デモ聞キタイモノダガ何如
尚ホ河北郡（花園村）ノ当時ノ中学生ガ集ツテ河北郡
発展策ヲ立ルノモ面白イト思ヒマス現在デハ政友トカ民政
トカ云フ時代デナクテ村ヲ思ヒ郡ヲ思ヒ県ヲ思ヒ国ヲ思フノ時代
デハアリマセンカ、遠ク海外ニ居ツテ内地ヲ看ル時常ニ心ニ
現ハルヽノハ兄弟相争フ馬鹿ラシイ状態デス（現在デハ田舎
ガ都会ノタメ食フモノモ食ハズ着ルモノモ着 従来ズニ
奉公シテ来タノデス此カラハ何如デスカ都会モ田舎ノタ
メニ奉公セシメテハ其レニハ年老リガ案ヲ造ツテ若イモノニ
実行セシメ様デハアリマセンカ在郷軍人ニシテモ空論ヲヤメ
テ田舎ノ（在郷）軍人ニ立チ帰ツテ田舎ノタメニ尽サナケレバナラナイ

1935（昭和10）年8月の伊東平盛宛て八田與一の手紙
（伊東平隆氏蔵）

若者とあまり違わない姿も見せている。

◉台湾の與一と関わった伊東哲と政外

與一は第四高等学校卒業後、東京帝国大学工科大学へ進み、卒業後、土木技師として台湾で大事業を指揮する。平盛は実家の農業を継いだ。

哲は金沢一中から東京美術学校（現在の東京藝術大学）西洋画科へ入学し、本科卒業後、引き続き研究科へ進む。在学中の1916（大正5）年、第10回文展に「夫婦」が入選し、その後第1回、第2回、第4回、第7回、第8回の帝展へと次々入選を果たした。石川洋画界としては期待の星であったと思われる。しかし1927（昭和2）年、第8回帝展へ出品した「沈思の歌星」のモデルが柳原白蓮《やなぎはらびゃくれん》であったことから激しいバッシングを受け、画壇を離れてしまう。柳原白蓮は大正天皇のいとこに当たり、九州の炭鉱王に嫁いでいたが、若い弁護士宮崎龍介《みやざきりゅうすけ》と駆け落ちし、しかも夫に対する絶縁状を新聞に発表した。当時世間を賑《にぎ》わせたスキャンダルの主であった。

伊東哲＝花園八幡（現金沢市花園八幡町）の自宅で
（写真提供：伊東平隆氏）

翌1928年、哲は與一に招かれ、嘉南大圳組合烏山頭出張所嘱託として台湾へ渡る。哲が描いた烏山頭ダム工事図には、與一のセミ・ハイドロリックフィル工法による堰堤《えんてい》工事がダイナミックに描かれている。

また、與一の依頼により「和蝋描壁掛嘉南大圳工事模様」を20枚作成した。これは嘉南大圳の完成記念として関係者に配られた。ここには工事の模様だけではなく、工事のために作られた職員の街、台湾の動植物などが生き生きと描かれている。哲が描いた烏山頭ダム工事図と與一の肖像画は、現在、嘉南大圳を管理する嘉南農田水利会会長室に掲げられている。

與一の馬に乗って落馬し、みんなに大笑いされた政外は金沢医専を卒業後、米国に留学した。1922(大正11)年、八田與一が視察と機械の買い付けのために米国を訪問した際に、政外が同行した。一行は途中でナイアガラの滝を見物した。ナイアガラ見物をしている與一を政外が撮影した写真が残っている(60ページ)。ニューヨークでは当時の三井を通じて米国の会社と商談を行ったようである。政外が撮影したニューヨークの風景の写真も残っている。

アメリカへ留学した伊東政外
(写真提供:伊東平隆氏)

◉農業や時局を述べ合った與一と平盛

與一と平盛の交流は続き、1908（明治41）年、1913（大正2）年、1926（大正15・昭和元）年、1927（昭和2）年と、5冊の平盛の日記にしばしば與一が登場する。また、與一から平盛へ宛てた手紙が9通残っている。

小学校の同級生は成人後も親しい関係を続けていたことが分かる。平盛は與一に農業や時局の問題について、いろいろ質問を書き送ったようである。與一の手紙はこれに対して彼の考え方を丁寧に述べている。

盆暮の挨拶のような儀礼的な手紙は、與一に代わって外代樹夫人が書いたようである。9通の手紙の中には巻紙に毛筆で書かれた手紙が2通含まれている。外代樹夫人の内助ぶりが覗《うかが》われる。

八田外代樹代筆による伊東平盛宛て八田與一の手紙（伊東平隆氏蔵）

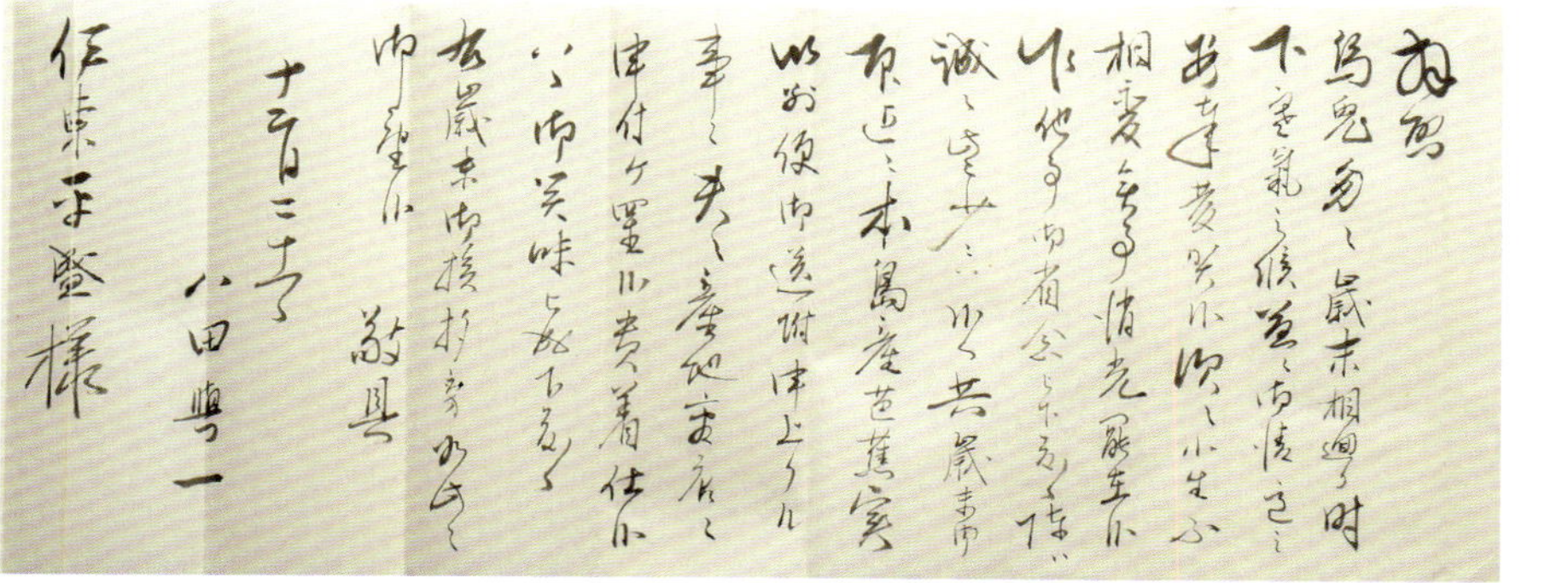

（読み下し）

拝啓

烏兎怱々（月日の経つのは早いもので）歳末となり時下寒気の候、益々ご清意の段慶賀に奉り候。次に小生相変わらす無事に消光罷り在り候。他事ながらご省念下されたく候。陳《のぶれば》は誠に些少には候えども歳末の御印までに本島産芭蕉実（バナナ）別便を以てご送付申し上げることにそれぞれ産地商店に申し付け置き候。貴着仕り候はばご笑味成し下されたく候。右歳末御挨拶傍ら此の如くにござ候。

敬具

十二月二十一日

八田與一

伊東平盛様

2 1910−1920年

東洋一の灌漑《かんがい》計画

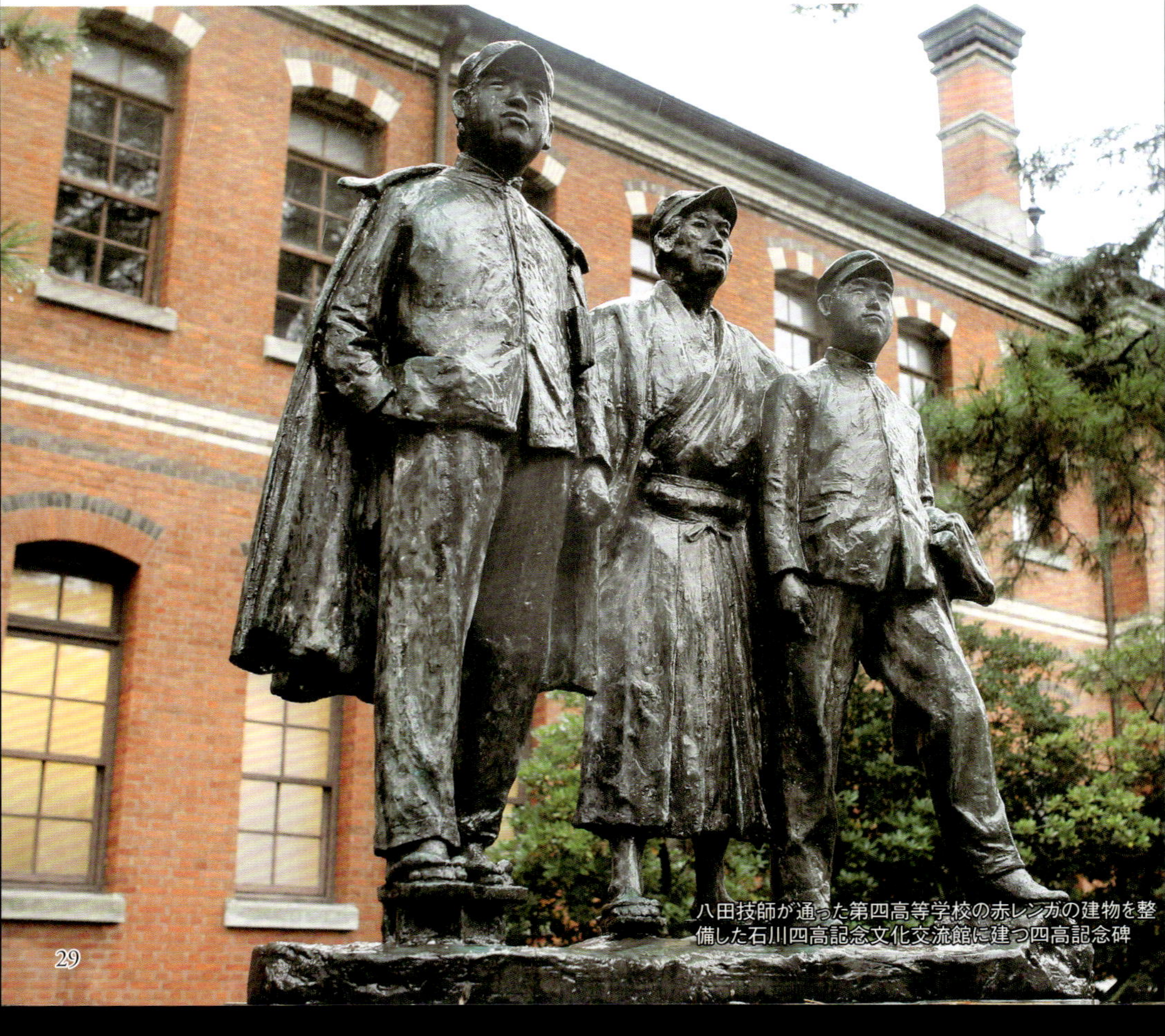
八田技師が通った第四高等学校の赤レンガの建物を整備した石川四高記念文化交流館に建つ四高記念碑

台湾総督府の技手に配属

青年八田與一は、1910（明治43）年8月に台湾へ渡りました。勤務地は、台湾を統治するために設置された日本の官庁である総督府で台北市の中心部にありました。

日本の台湾統治は、当初、抵抗する現地居住民を軍事力で抑える強硬姿勢が中心でしたが、1898（明治31）年に就任した4代総督の児玉源太郎《こだまげんたろう》は、副総督にあたる総督府民政長官に後藤新平《ごとうしんぺい》を登用し、製糖業の拡大、鉱業や電力の開発、港の建設、伝染病対策などに力を入れました。

台湾総督府の正装服を着た八田技師

（写真提供：伊東平隆氏）

1910年当時は佐久間左馬太《さくまさまた》が5代総督に就いていた頃でした。與一は、最初は土木局工務課に技手として配属され、翌年10月に土木課勤務になりました。技手とは役所の技術者の階級の一つで、技師の下です。八田技師は、この時の土木課長・山形要助《やまがたようすけ》に命じられ、今後の仕事に向けて台湾全島を視察しています。1914（大正3）年には衛生工事係となり、浜野弥四郎《はまのやしろう》技師の下で台南上水道工事に携わりました。この時に、水源の曽文《そぶん》渓《けい》や台南一帯の地形と水利工事の工法に詳しくなったことは、やがて嘉南大圳《かなんたいしゅう》の建設に役立ちました。

桃園大圳《とうえんたいしゅう》の設計と新たな調査

1915（大正4）年には6代総督に安東《あんどう》

貞美《ていび》が就任し、その下で民政長官の下村宏《しもむらひろし》が手腕を振るい、台北市など市街地の上水道をはじめとするインフラ整備、台湾縦貫鉄道の全通、台湾博物館の開設、阿里山《ありさん》森林の伐採による木材生産などの施策を進めました。

１９１６（大正５）年8月、八田技師は土木課監査係となって、台北市の南西に位置する桃園台地３万３０００ヘクタールの灌漑《かんがい》計画に取り組みました。

八田技師は、若手技術者を引き連れて現地調査し、その計画は台北市を流れる淡水河《たんすいが》の上流の地、石門《せきもん》から取水し、20キロメートルの導水路を通し、その導水路の途中にたくさんの溜《た》め池を造って、そこから給水路で灌漑するものでした。総督府はこの計画を認め、１９１６年11月に着工、１９２５（大正14）年に完工し、桃園大圳と呼ばれます。

八田技師はこの計画立案で高い評価をえましたが、工事に関わっていた１９１７（大正６）年に、上司の山形要助から新しい調査任務を命じられました。一つは水力発電に適した水源の調査で、その後の台湾の近代化に欠かせない電力確保の課題からでした。二つ目は、嘉南平野を流れる川である急水渓に灌漑用のダムを建設できるかどうかを判断する調査で、米の増産のためのものでした。

桃園大圳の工事を部下に託した八田技師は、台湾の山岳部を詳しく調査し、まず水力発電の候補地に、濁水渓《だくすいけい》の上流にある湖で、台湾のほぼ中央に位置する日月潭《にちげつたん》を挙げました。日月潭は標高７４８メートルにある台湾最大の淡水湖で、今日、風光明媚《めいび》で知られる有名な観光地です。

急水渓の灌漑用ダムについては、水量不足などのため適当ではないと結論し、その代案として、同じ嘉南平野を流れる官田渓《かんでんけい》と急水渓支流の亀重渓《きじゅうけい》にダムを建設し、10万ヘクタールを灌漑する大計画を提案しました。嘉南大圳構想がここに登場したのです。

米村外代樹と結婚

１９１７（大正６）年８月14日、31歳の八田技師は金沢で米村外代樹《よねむらとよき》と結婚しました。外代樹は金沢の医師米村吉太郎の長女として１９０１（明治34）年３月７日に生まれました。旧石川県師範学校付属小学校、旧瓢箪《ひょうたん》町《まち》尋常小学校を経て、旧第一高等女学校を主席で卒業。八田技師と結婚したのは16歳の時でした。４歳の時、小村という家の養子になりましたが、旧第一高女を卒業した際の学籍簿には、本籍と現住所が現在の金沢市瓢箪町周辺に当たる「金沢市岩根町」と記載されており、外代樹は與一に嫁ぐまで米村の実家で暮らしたとみられます。

２人の縁談をまとめたのは、弟與一が30歳を過ぎても結婚していないことを心配した兄の智証《ちしょう》でした。医師であった智証は米村医師と親交があったのですが、與一と外代樹の当人同士は一度も顔を見ることなく、互いに結婚に同意しました。

挙式後に新婚旅行で日光などの観光地をめぐった二人は、金沢に帰ると間もなく台湾へ向かって出発しました。若くして見知らぬ遠方へ旅立つ娘を心配した米村家は、女中をしていたみさおを一緒に行かせたのでした。

新婚の二人は、台北市の西門町《さいもんちょう》に新居を構えました。勤務する総督府に近く、数多くの商店が建ち並ぶ町でした。

弟與一の結婚をまとめた医師の八田智証　（写真提供：伊東平隆氏）

2大開発計画と米騒動

１９１８（大正７）年、第７代の台湾総督に陸軍中将の明石元二郎《あかしもとじろう》が就任しました。明石総督は、政務の中心を担う民政長官に下村宏を留任させ、八田技師らが提案した日月潭の水力発電所建設計画と嘉南平野灌漑計画を推し進めていくのですが、それぞれの事業が当時の台湾総督府の歳入を上回る資金を必要とし、日本内地でも前例がない大規模な事業であったために、すんなりとは進みませんでした。

先に動き出したのは日月潭の発電事業でした。官民共同経営の台湾電力株式会社を設立して株式を公募することで資金を調達し、１９１９（大正８）年7月に着工しました。一時、工事の中断など苦境を乗り越え、１９３４（昭和９）年に第1期工事が完成し、営業を始めました。

嘉南平野灌漑事業の方は、利害関係者による組合を設立して工事を実施することとし、政府から一定額の補助金を支出する計画で、日月潭発電事業から1年遅れの１９２０（大正９）年着工を予定しました。

１９１８（大正７）年、内地では八田技師にとって追い風となる事態が起きていました。８月に米価の高騰が原因となって富山湾沿岸で発生した米騒動が、ほぼ全国に拡大し、当時の3府23県で暴動を抑えるために軍隊が出動するまでになりました。9月には、寺《てら》内正毅《うちまさたけ》内閣が倒れ、政府は台湾総督府に米の増産を強く求めたのです。

烏山頭と金沢市の月別平均降水量

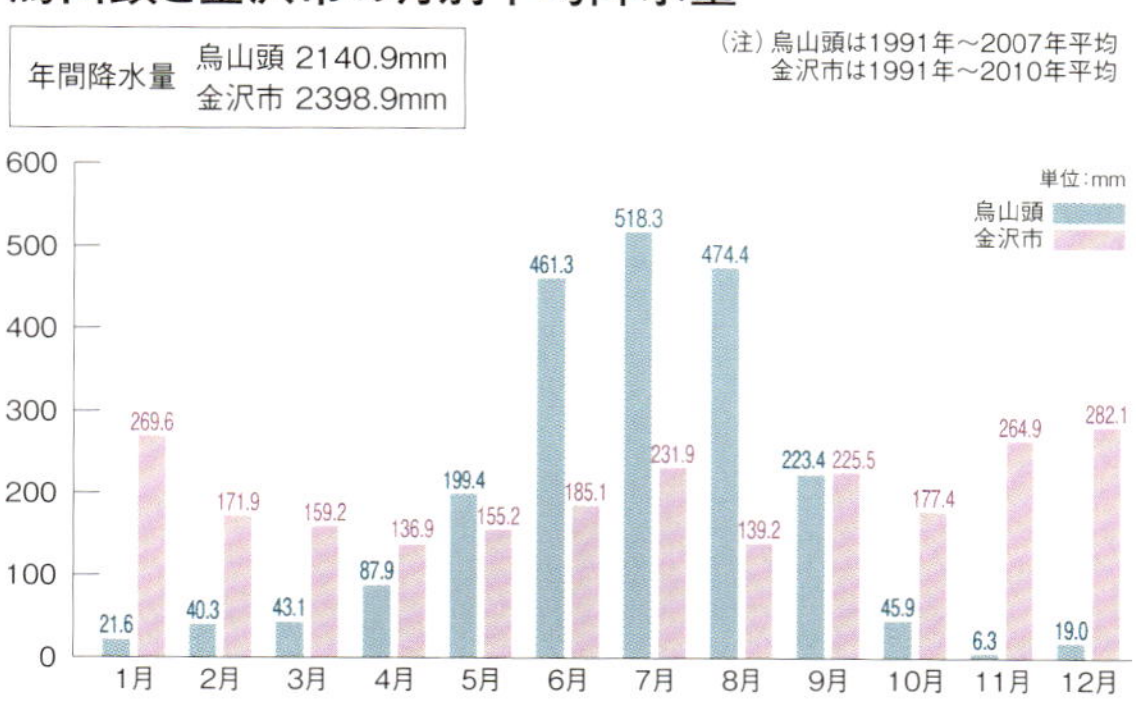

空前の15万ヘクタール

総督府のゴーサインが出たことで、八田技師はさらに調査を重ね計画を練り直しました。当初案は、官田渓と亀重渓の二つの河川にダムを建設し嘉南平野の10万ヘクタールを灌漑するものでした。しかし、亀重渓のダムは水量不足で建設費が割高になるので、これを取り止め、嘉南平野の北部を流れる台湾最大の河川である濁水渓から導水する計画に変更されました。そしてこの変更とともに灌漑面積が嘉南平野全域の15万ヘクタールに拡大されたのです。

15万ヘクタールというと、工事が進行中の桃園大圳のおよそ4倍にあたり、香川県の全域約18万7600ヘクタールに迫る広さです。空前の規模で平野全体を沃野《よくや》に変えてしまおうという八田技師の計画には、疑問や不安の声が噴出しました。

高さ50メートル以上、長さ1キロメートル以上のダム堰堤《えんてい》など聞いたことがないが、ほんとうにできるのか。気が遠くなるほどの長さの給排水路が必要になるが、どうするのだ。二つの水源では15万ヘクタールの面積をまかなう水量はない、計画はそもそも無理なのではないか。こうした声の多くは総督府としてこの計画を進めることを前提としていましたが、給水量不足の指摘は計画の根幹に関わり、その解決策は上司や同僚たちをまたもや驚かせるものでした。

3年輪作給水法

八田技師は、新設するダムと濁水渓の二つの水源からの給水で灌漑できる面積は、7万ヘクタール程度と考えていました。そこで、嘉南平野を2または3ブロックに区分し、1年ごとに給水区域を変え、ブロックごとに1年目に稲作、2年目にサトウキビ、3年目には雑穀や野菜などを栽培する3年輪作給水法を行うと提言しました。これにより、15万へクタールの農民が平等に水の恩恵を受けることが可能になるのだというのです。

ただ、長い期間にわたって地主と小作の関係が続き、ばらばらに古い農業を続けてきた台湾の農民たちが、このような集団的統制が必要な近代的な稲作農業をできるのか、という疑問が出ました。八田技師は、これをやり遂げることで台湾全体の農業を近代化する道が開けると述べ、実際、嘉南大圳の完成後に農業指導に多大な力が注がれたのです。

設計、予算書を政府に提出

１９１９（大正８）年1月、総督府は官田渓ダム建設予定地の地質調査を専門家に依頼し、安全を確認しました。同年3月、八田技師ら総勢80人は、国庫補助を受けるために提出する工事計画書と予算書を作成するために、最終的な調査、設計に取りかかります。嘉南平野の中央部に位置する嘉義《かぎ》の町に事務所を置き、広大な平野をくまなく測量し、ぼう大な設計図面と詳細な予算書の作成が始まりました。

八田技師はこの年2月に、出産のため金沢に帰郷していた外代樹から、長女正子の誕生を知らせる電報を受け取っていました。父親になった技師の寝る間も惜しむ猛烈な仕事ぶりは、語り草になっています。9月には異動があり、八田技師は総督府の土木局設計係兼工事係となるとともに公共埤圳官田渓埤圳組合事務嘱託になりました。

10月、ついに調査設計作業はすべて完了し、八田技師は下村民政長官とともに上京し政府に提出しました。そして翌１９２０(大正９)年7月、計画案は帝国議会臨時会を通過し、荒涼とした嘉南平野を肥沃な大地につくり変える壮大な事業が始まっていくのです。

嘉南大圳《かなんたいしゅう》実現のため不眠不休の奮闘

八田技師の部下
磯田謙雄《いそだのりお》

◉荒涼の大地を肥沃《ひよく》な田畑にした嘉南大圳

嘉南大圳が開設される以前、この嘉南平野の中で水田として利用されていた地域は、特別に水利に恵まれた一部だけでした。鉄道線路付近に連なるサトウキビ畑も、海岸に向かうにつれてサツマイモ畑か落花生畑ばかりになり、さらに進むと、日照りが続くとアルカリ性土壌の本性そのままに白い粉をふいているところ、または根を張ったタコノキの茂みがむらがる砂丘続きといった、見るからに荒涼《こうりょう》とした風景でした。

それが今日では見渡す限り区画整然とした水田とサトウキビ畑の連なりに変わり、四季を通じて緑が

写真提供・松任谷良子

磯田謙雄（1892〜1974年）　金沢市出身で八田技師の7歳年下。旧制金沢一中（現金沢泉丘高）、四高、東京帝大から台湾総督府へと八田技師と同じ道を歩み、嘉南大圳の建設に従事。1932年に台中市山間部にある新社区と和平区を結ぶ全長16・6キロメートルの導水路「白冷圳《はくれいしゅう》」を完成させ、2013年にその功績を顕彰する銅像が台中市に建立された。

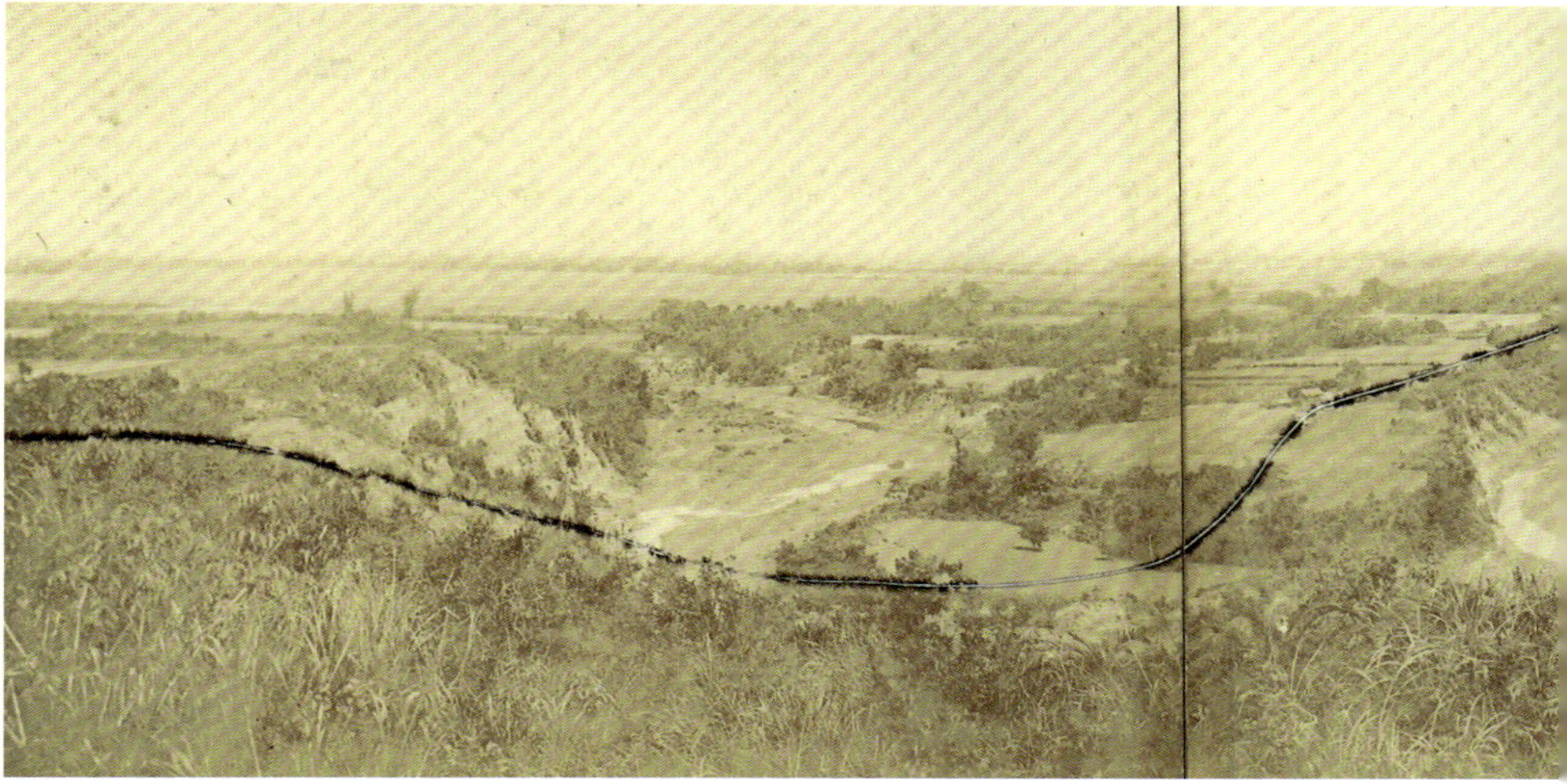

工事着手前に南方の高地から見た堰堤の建設予定地(線が中心を示す)。その奥に荒涼とした嘉南平野が広がる。1911年6月撮影(写真:嘉南農田水利会蔵)

絶えることのない実り豊かな緑野となってきたのです。では何が荒涼とした土地をこんなにも肥沃な田野に変えさせたのでしょうか。それには農作業の改良ということもありましたが、水のお陰―嘉南大圳の出現こそがその理由です。

嘉南大圳こそは、嘉南平野の血脈です。嘉南平野はこの大圳によって生きているのだ、と言っても過言ではありません。そして、この平野を今日の豊饒《ほうじょう》の地にした功労者の中に八田與一の名を忘れてはなりません。

◉半年で15万ヘクタールを測量

嘉南大圳を建設する根本方針が

この回想は、1942(昭和17)年10月発行『台湾の水利』第12巻第5号掲載の磯田謙雄「八田さんを想ふ」の一部を抜粋しました。「ですます」調に現代語訳してあります。

白冷圳の2号逆サイフォン。緑色の管が1999年の台湾中部大地震で断裂して現在は使われていない旧管で、磯田技師が建造したもの。空色の管は同地震の後に新設された＝台中市新社区

ついに決定されると、その半年後には、この建設事業をその年の議会に提案して、予算要求をしなければなりませんでした。

八田技師に主任となっていただき、嘉義《かぎ》に本部を置いて、齋藤美代司、阿部貞壽、小田省三の諸氏に私らが加わって、総勢80余名。この一行に学校を出たての湯木政夫氏も加わっていました。果てしなく広い嘉南の土地に測量調査を挑んだのが1919（大正8）年3月でした。以来、半年余り、全員が朝の6時から夜の11時までの猛烈な勤務。殊《こと》に主任の八田技師にいたっては、就眠が午前2時というのに、5時半にはすでに起床し、まったく文字通り不眠不休の奮闘ぶりでした。その間、病気やその他の事情で台北に帰った者も相当いましたが、八田技師は最後まで頑張り通し、ついに10月4日、その測量設計の完成を見たのです。

そして、その翌年の臨時議会でめでたく予算が通過したのです。その時の八田技師の喜びがどれほどのものであったろうか、私はいま想像してみるだけでも、感激の涙が湧き出すのを抑えることができません。

半年を越える間、あの猛暑に挑み、酷熱と闘って、測量調査の貫徹に邁進された八田技師、さらに引き続いて大圳の心臓部である水源工事の指揮監督に当たって、これを完成し、その初志を貫かれた八田技師、あの身体のどこにあんな精力がひそんでいたのでしょうか。よくもあれだけ続いたものだと、いまにしてみれば、不思議な思いにならずにはいられません。これもひとえに八田技師の不撓《ふとう》不屈《ふくつ》の精神、その燃えるような熱意がそうさせたのだというほかはありません。（中略）

◉3年輪作法で全域を緑野に変える

嘉南大圳によって灌漑《かんがい》されることになる15万ヘクタールは、米作、サトウキビ作、雑穀作の3年輪作が計画されました。それは大圳から供給される水量では、この15万ヘクタール全域にわたる灌漑ができなかったからです。

ところが、この3年輪作計画に対して、当時、農務の役人から強い反対論も出たのですが、その結果がどうであるかは、今日（注・昭和17年当時）の実績が何よりも雄弁に証明しています。つまり工事完成前と最近の収穫金額について見ても、1400余万円であったのが、5700万円になりました。農産品価格の高騰があるにしても、約4倍に激増しています。しかし、何よりもあの嘉南平野の緑野への

濁幹線から水路が通り稲作と甘蔗作が行われ始めた嘉南平野（雲林県北港郡）
（写真：嘉南農田水利会蔵）

龍骨車で水を田にくみ上げる農民（写真：嘉南農田水利会蔵）

変わりようが、如実に物語っています。

この輝かしい成績は、大圳建設工事に直接携わられた人々の奮闘努力によることは言うまでもなく、総督府当局や、台湾の州当局の苦心と尽力とともに、農業関係者の方々の努力と精進などによることはもちろんでしょうが、よく大局を見通し高《こう》邁《まい》な計画を立て、強硬な異論にもめげず、困難な事業に勇猛邁進して粉骨砕身の努力をささげた八田技師の功績は不滅なものであると信じて疑わないのであります。

寄稿 2

八田技師の真価を表す烏山頭ダムの特徴

「友好の会」顧問
中川《なかがわ》耕二《こうじ》

現在の烏山頭ダム堰堤

今なお健在な烏山頭ダム

八田與一技師は、洪水と干ばつと塩害によって不毛の大地であった台湾・嘉南《かなん》平野を、15万ヘクタールの豊かな農地に一変させた嘉南大圳《たいしゅう》農地開発事業を完成させました。

しかし、この開発事業による広大な農地の約3分の2に当たる10万ヘクタールの農地の水源である烏山頭ダムについては、非常に規模が大きいことは知られていますが、ダムの特徴的な構造や施工法などについてはほとんど知られていません。建造以来、80年以上にわたって何回もの地震に耐え、い

中川耕二　1930（昭和5）年、金沢市生まれ。95（平成7）年から「八田技師夫妻を慕い台湾と友好の会」世話人、現在顧問。旧制四高から金沢大学理学部地学科に進む。卒業後、愛知用水公団、農林省、地質地下水調査会社などに勤務。八田與一技師の技術者としての功績を顕彰し、著書に『嘉南大圳事業研究序論 烏山頭水庫について』がある。

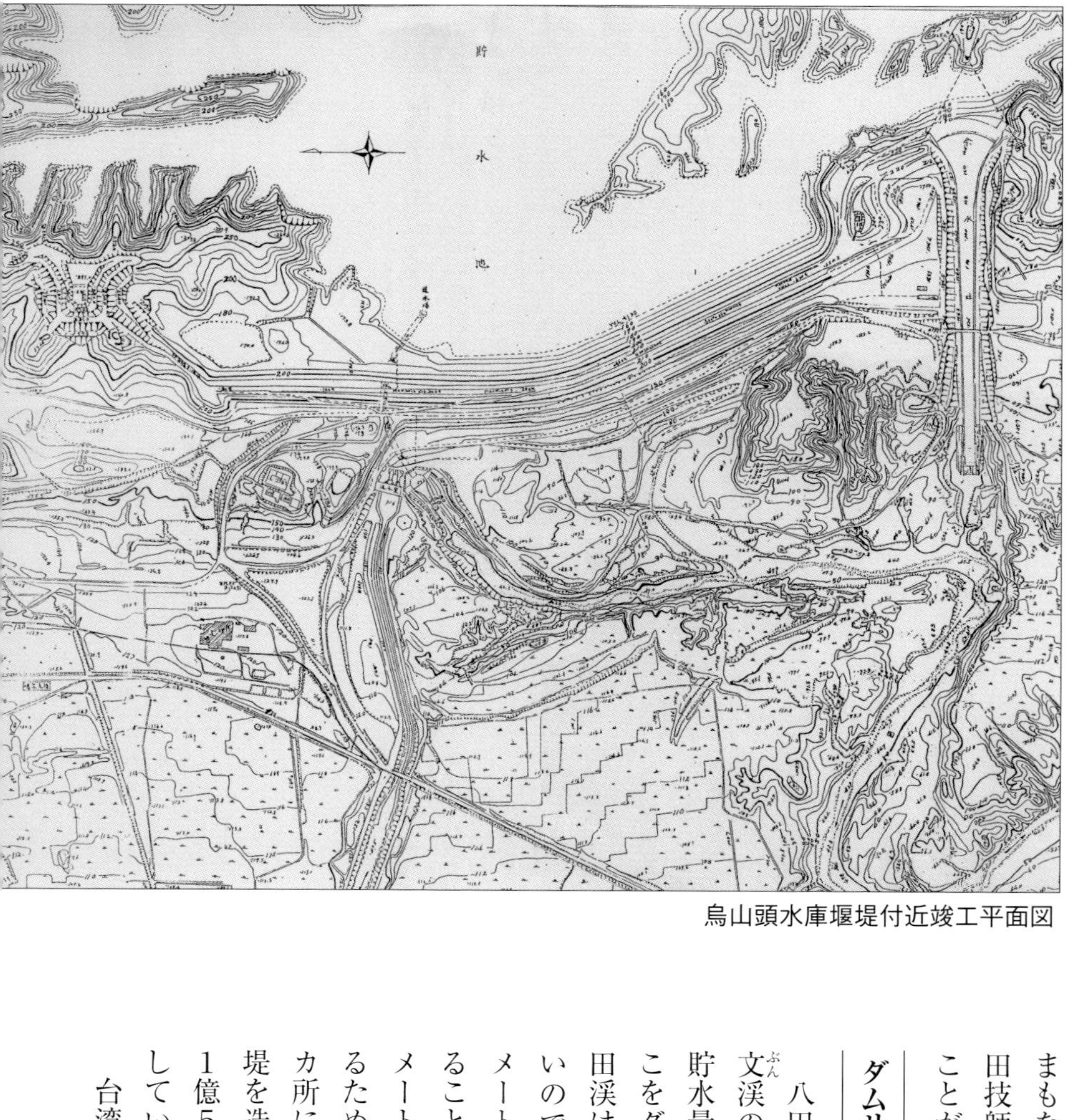

烏山頭水庫堰堤付近竣工平面図

まもなお健在に稼働するダムに、八田技師の技術者としての真価を見ることが出来ます。

ダムサイトの選定と貯水量の確保

八田技師は、台湾南部を流れる曽《そ》文《ぶん》渓の支流である官田《かんでん》渓に、大きな貯水量が得られる谷筋を見つけ、そこをダムサイトに選定しました。官田渓は流れ込む水の集水面積が小さいので、曽文渓から長さ3・1キロメートルのトンネルを通して導水することとしました。堰堤《えんてい》の高さは56メートルとして、地形がくぼんでいるために水があふれる恐れがある3カ所には高さ6~11メートルの副堰堤を造り、それによって有効貯水量1億5000万立方メートルを確保しています。

台湾の河川は日本と同様に急流河

川なので、堰堤を支流に造ることによって河川が運んでくる土砂の堆積をできるだけ少なくすることができます。台湾では、本流に造られるダムを在槽水庫《ざいそうすいこ》、支流に造られるダムを離槽《りそう》水庫と呼んでいます。烏山頭ダムは離槽水庫なのです。

ダムの型式・構造

ダムサイトの基盤は、新第三紀と呼ばれる地質時代のもので、比較的軟らかい岩石です。基盤岩の支持力が小さいことや台湾が日本と同じ地震国であることを考慮して、八田技師はロックフィルダムを建造することにしました。ロックフィルダムとは岩石、砂利、砂、シルト、粘土などを材料として積み上げられたダムです。

烏山頭ダムの堰堤は、高さ56メートル、長さ1273メートル、堰堤の斜面（法面《のりめん》）の傾きは、垂直の高さ1に対して水平の長さが3の割合（3割勾配《こうばい》、約18度の傾斜）とかなり緩やかです。

堰堤は横断面図から分かるように、中心部に粒子が細かいシルト、粘土を集めて水を遮《さえぎ》る中心コア型ロックフィルダムで、中心部の地中にコンクリート壁が設置されているのが大きな特徴です。このコンクリート壁は、堰堤本体と基盤岩との境目から漏水するのを防ぐためのものです。コンクリート壁の高さは、工事のために地盤を掘り下げた面（床掘《とこぼり》線）から上に3～4・5メートル（堰堤の高さが最も大きいところでは19・7メートル）、床掘線から下へ4・5～6・1メートル（排水トンネルのところでは28・2メートル）です。

縦断面図でも分かるように、堰堤の実質的な高さは約36メートルということになります。

当時、ロックフィルダムの権威であったアメリカ人のジャスチン技師が、烏山頭ダムの工事現場を視察し、中心コンクリート壁を堰堤最上

烏山頭水庫堰堤標準横断面図　縦:横＝1:1　(単位:尺)

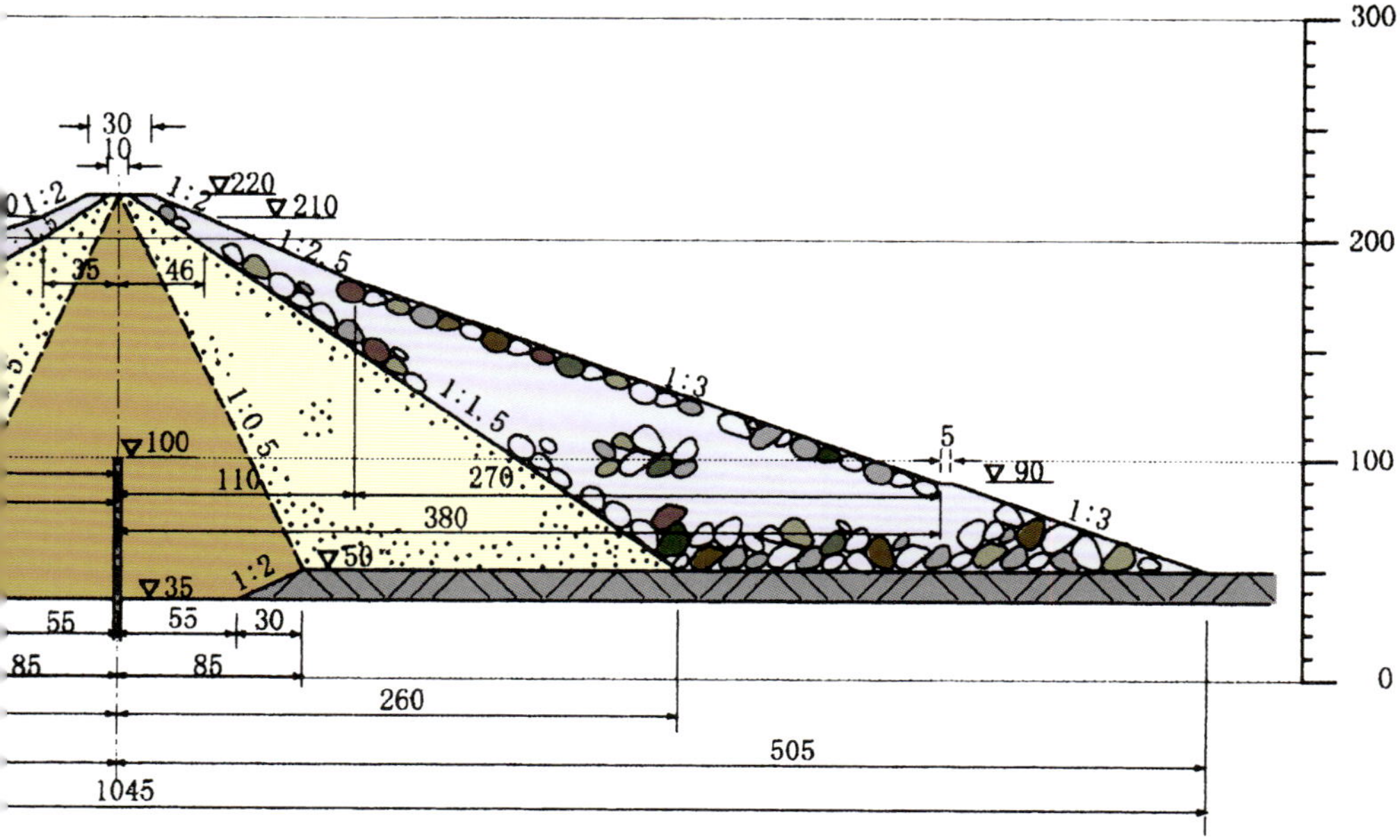

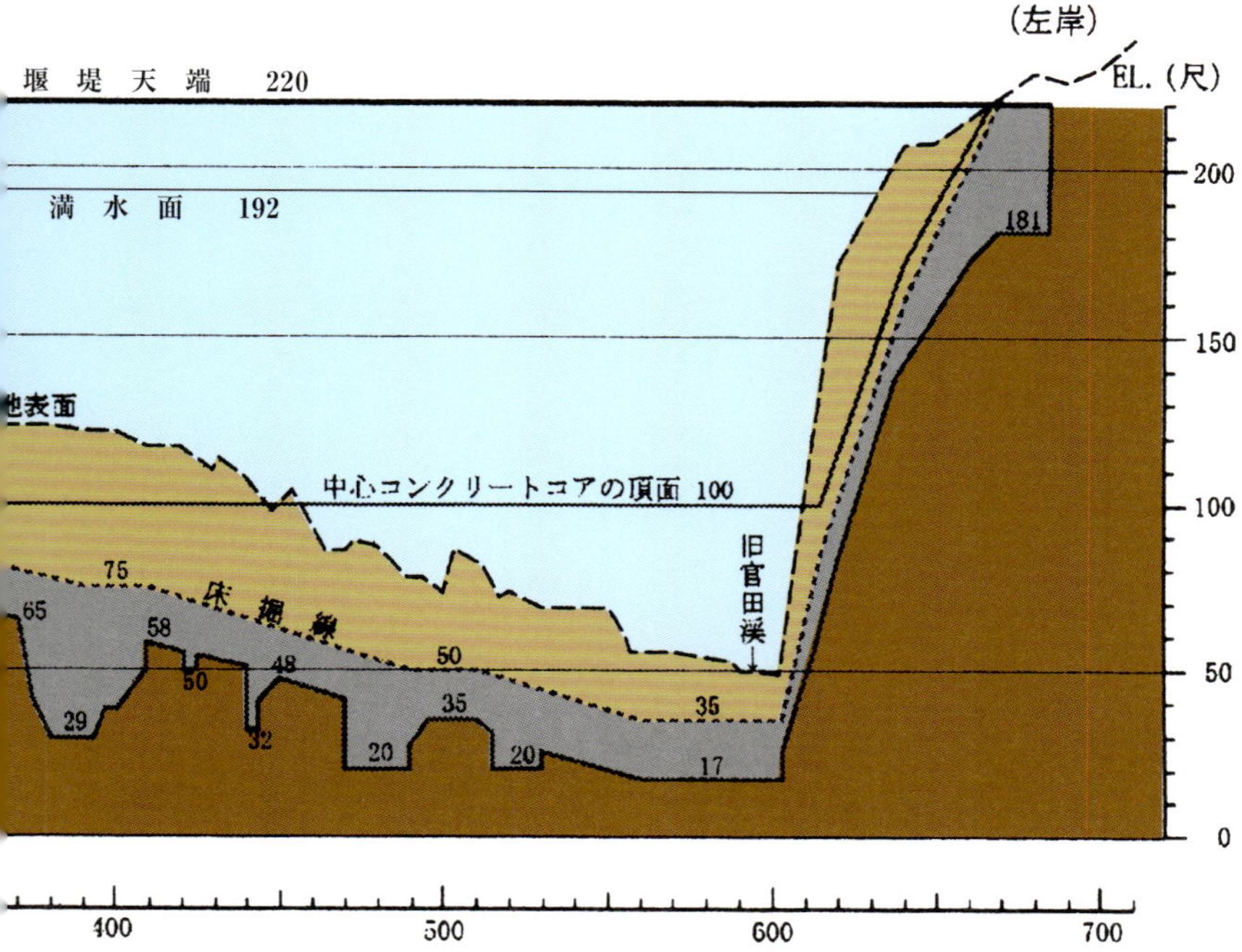

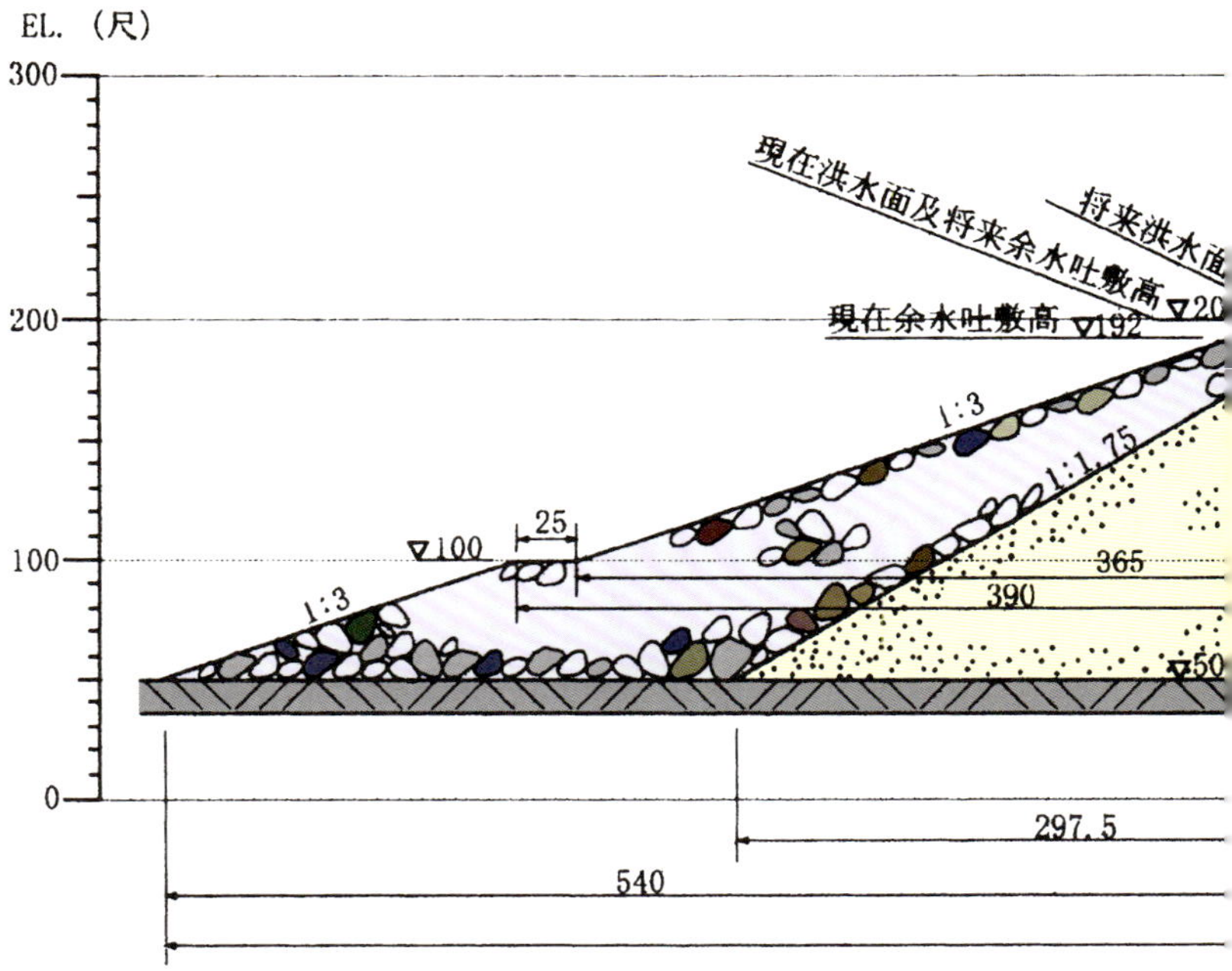

烏山頭水庫主堰堤縦断面図　縦:横＝6:1　（単位:尺）

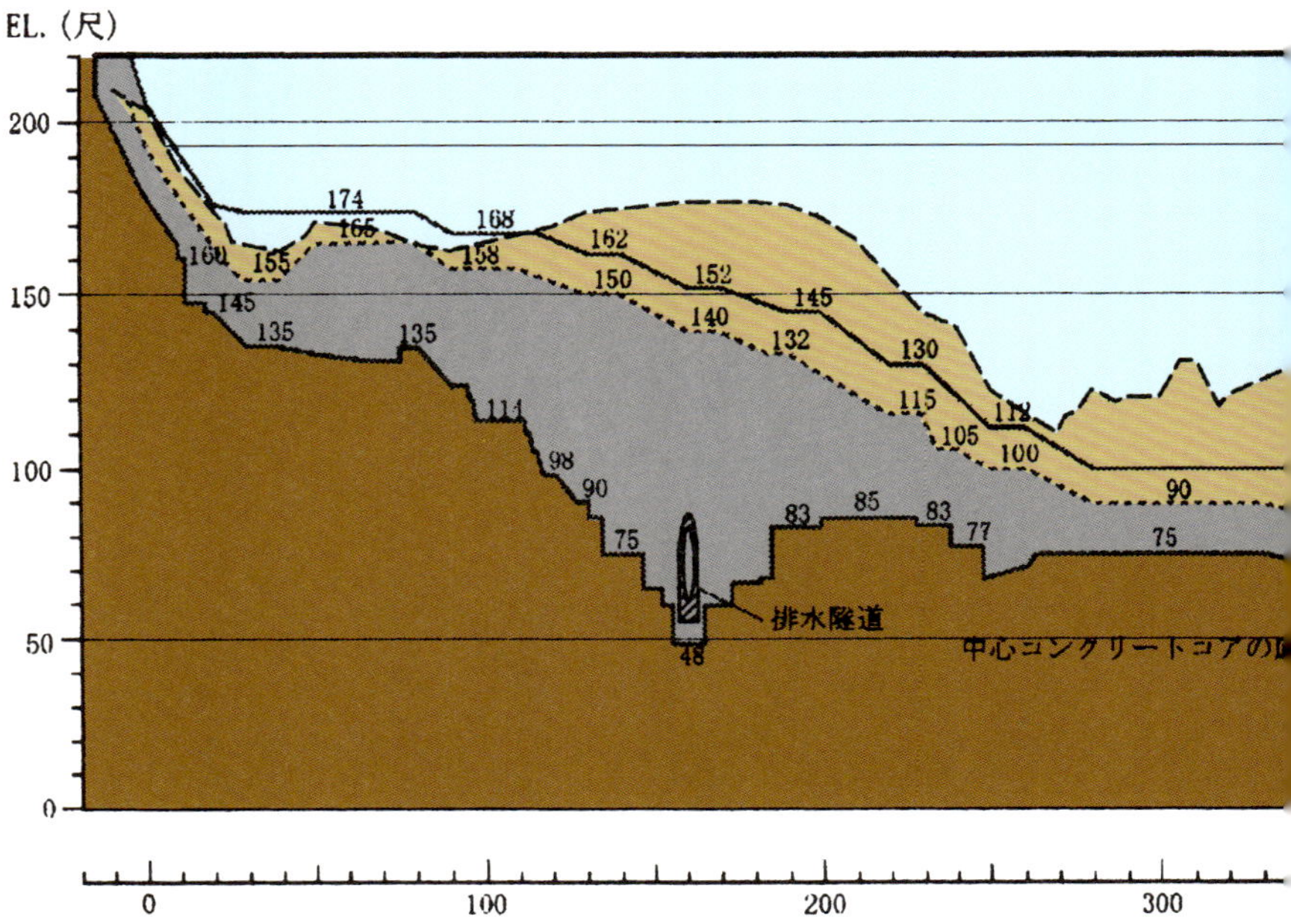

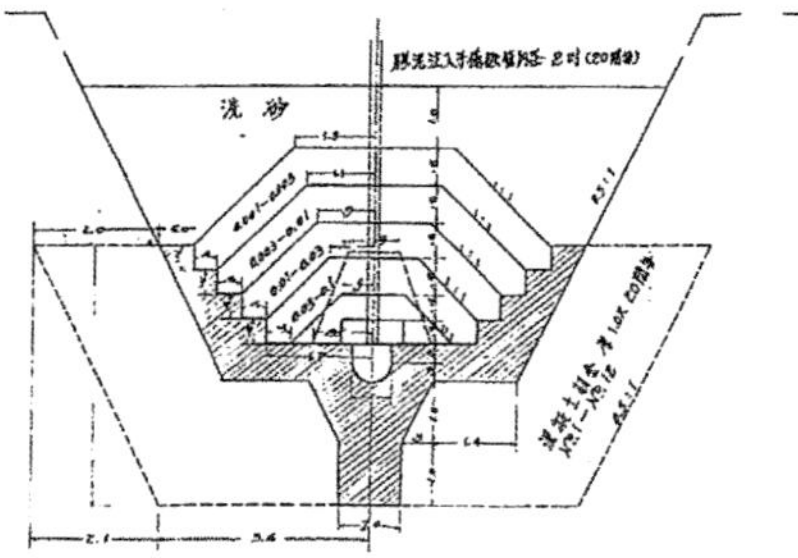

堤内支線排水暗渠断面図

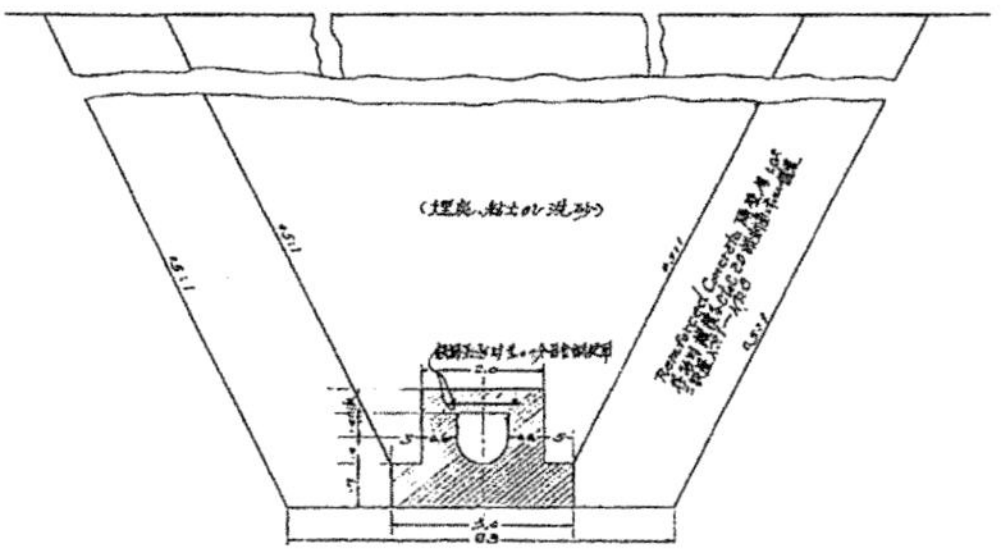

堤内幹線排水暗渠断面図

堰堤の中心コンクリート壁とそこから立ち上がるマンホール。径約1.5メートルの8角形

（写真：嘉南農田水利会蔵）

面の平らな部分（天端《てんば》）まで達するようにすべきだと主張しました。しかし、八田技師は高さの3分の1までだと主張して譲りませんでした。

　八田技師は、中心コンクリート壁を堰堤の頂点までにすると、堰堤の上流側がウエット、下流側がドライな状態に二分されて不安定になるので避けるべき、また堰堤の内部に安定して水が染みこんでいる状態を確保するためには、中心コンクリートを余り高くするべきではないと主張したものと考えられます。

　そして、堰堤内部の水の滲透《しんとう》具合を安定させるために、八田技師は堰堤下流側の砂ゾーンの下に排水暗渠《あんきょ》を設置したのです。

セミ・ハイドロリックフィル工法

　烏山頭ダムの堰堤は体積が540

堰堤の中心コンクリート壁を建造中の状況（写真：嘉南農田水利会蔵）

曽文渓中流の大内庄の河川敷で行われた砂利採取作業。大型のスチームショベルですくい取り、「土運車」と呼ばれた貨車に積み込んでいる。この貨車は積載部分が自動で横倒しになる構造だった。1923年3月26日撮影（写真：嘉南農田水利会蔵）

写真の右側は大内庄の河川敷で積み込んだ土砂を横倒しにして投下する貨車。写真左に伸びる中心コンクリートの方から、ジャイアントポンプで放水し、粒子の細かい砂を中心コンクリートの方向へ流し込んでいる。1923年5月13日撮影（写真：嘉南農田水利会蔵）

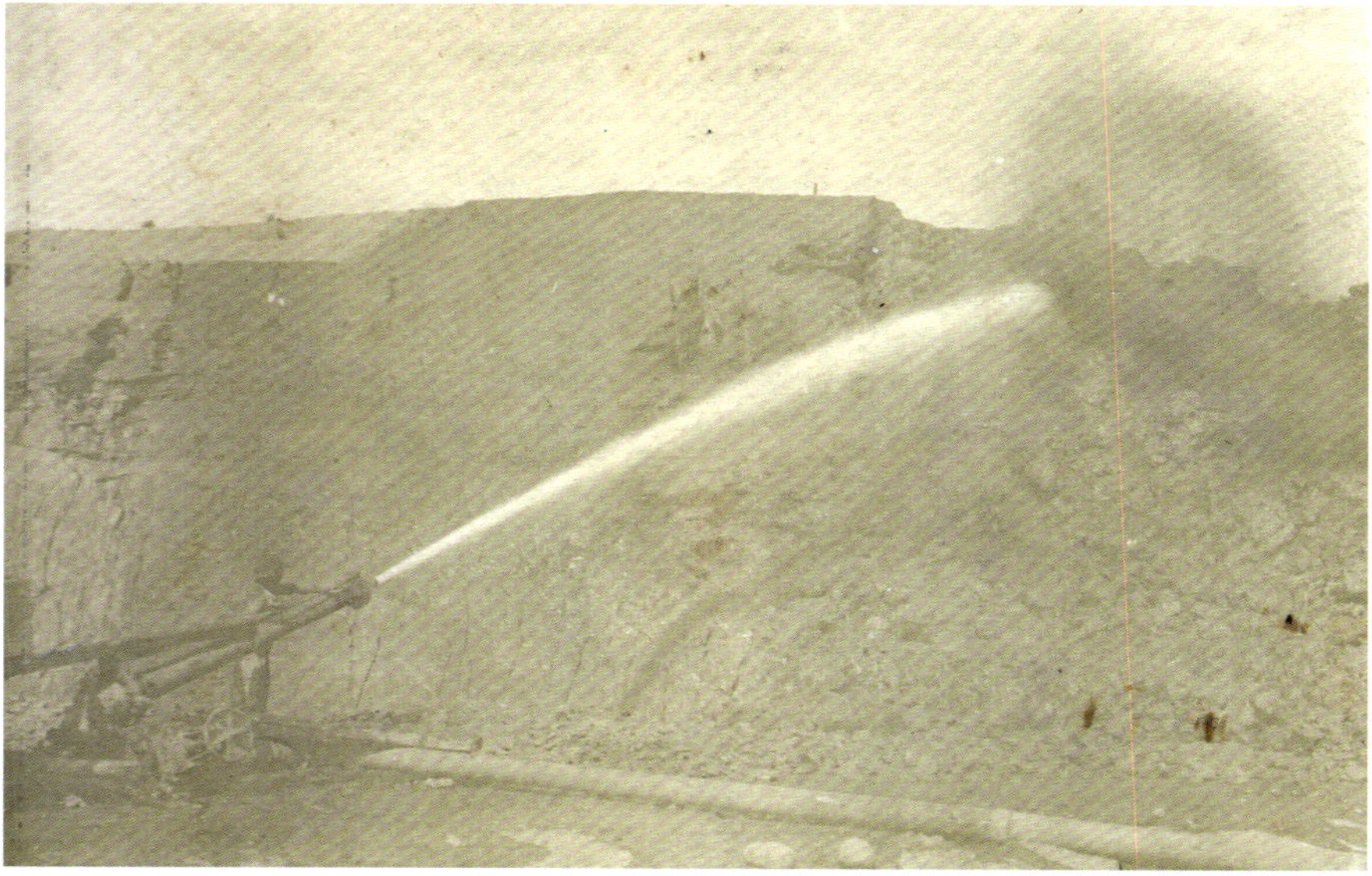

ジャイアントポンプによる水の噴射。1923年5月13日撮影（写真：嘉南農田水利会蔵）

万立方メートルで、およそ20キロメートル離れた曽文渓の河川敷の堆積物を材料として造られました。328ヘクタールの河川敷を約3メートル掘削して、968万立方メートルが採取されました。

掘削には当時の最先端をゆくアメリカ製の重機が使われ、堆積物は工事のために敷設された専用の鉄道貨車に積まれて、ダム工事現場まで運ばれ、堰堤の斜面の先端に投下されました。

その堆積物に強力なジャイアントポンプで水を噴射すると、粒子の細かいものが堰堤の中心部に集められて沈積し、次いで砂や小石、一番手前には大きな石が残っていきます。この水かけを堰堤の両側から行うことによってダムを築いていきました。

堤体材料の採取、運搬、沈積のすべてを水力による工法を、ハイドロリックフィル工法といいます。烏山頭ダムの場合は、堤体材料を運搬する時には、水力を使わないので、セミ・ハイドロリックフィル工法というのです。

ジャイアントポンプで吹きかけられた水は、前に紹介した排水暗渠《あんきょ》を通して徐々に排出され、築造している堤体内の水が引くと、水牛を歩かせて踏み付けが行われました。今日では締め固めに機械が使われますが、その役割を水牛がしたのでした。

このようにして自然脱水と締め固めが行われたので、平均3割勾配というなだらかで安定した斜面として盛り上げられていった堰堤の荷重が、さらに締め固めに有効だったと考えられます。

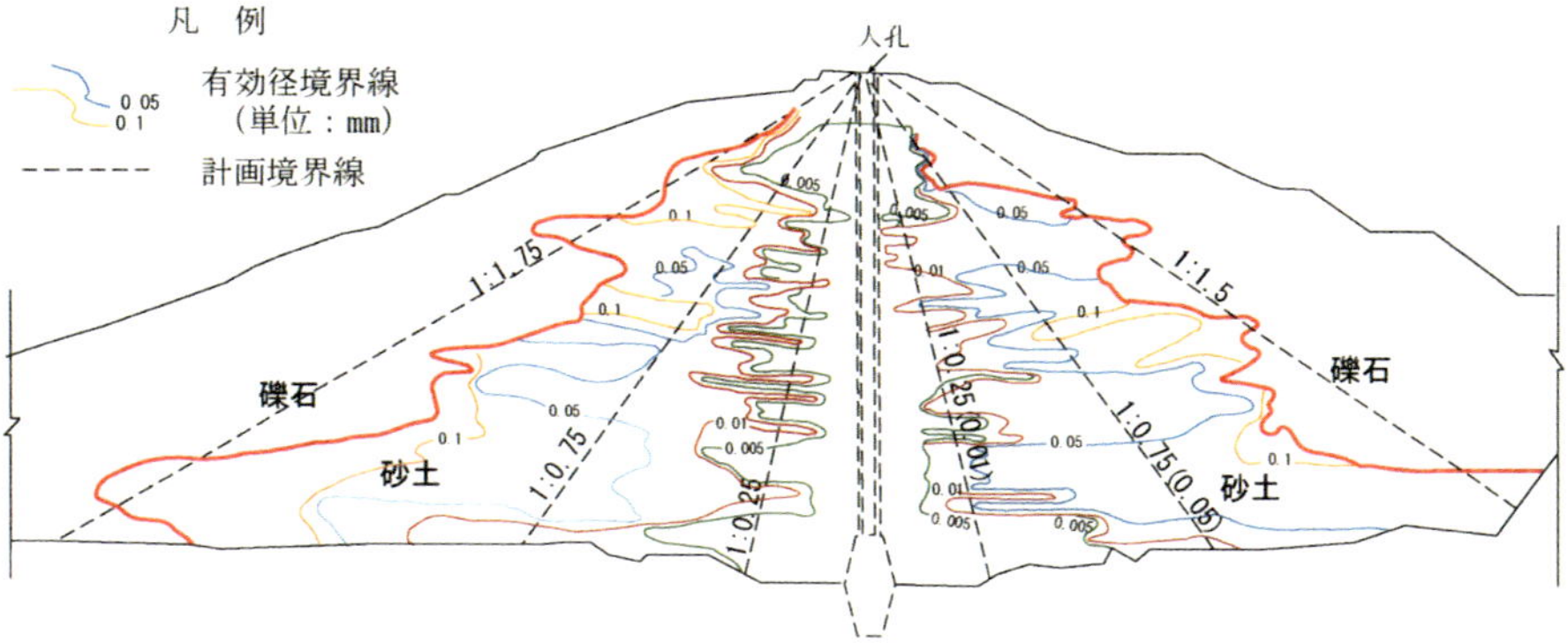

堰堤中心沈積粒子分布横断面図（585K）

（嘉南農田水利会『烏山頭水庫第三次安全評価報告書』から転写着色）

周到綿密な施工管理

八田技師は、堰堤の盛り上げの厚さが0・6〜1・5メートルになるごとに、サンプルを採取して堆積物の粒度(きめ細かさ)を分析し、堰堤中心部の沈積粒子分布横断面図を8断面にわたって作成しました。それには粒子の大きさごとに線が引かれており、その線は工事を設計した際の標準断面図に示されているような整ったゾーン境界にはなっておらず、指を交差したような複雑な状態になっていることを表していました(前ページの図参照)。

貨車から土砂を投下した際の丘の傾きやジャイアントポンプによる水噴射の強さによって、土砂の粒子の分かれ方や堆積の仕方は、設計図通りにはならないはずで、複雑な境界線になるのは当然のことでした。しかし、この指を交差したように絡み合った状態によってマルチゾーンの堤体が形成され、かえって柔軟性のある堰堤が造られたのです。

堰堤の盛り土は約3年半もかけて行われ、1カ月ごとに盛り土の出来高を測定し、土堰堤工事工程横断面図が7断面にわたって作成されています。

それによると、盛り土の速度は月間1〜3メートルに過ぎません。当時の新聞記事によると「1日に2寸あて積まれるもどかしさ」と書かれています。今日の盛り土速度では考えられないほどの遅さで、このゆっくりした盛り土荷重の増加によって、締め固めが時間をかけながら安定した状態で進められ、堰堤全体の荷重が有効に働いていったのだと考えられます。

水の通りが良い堰堤

土砂には隙間《すきま》があり、水はその隙間をぬって流れます。土の中を水が移動する速度は透水係数で表され、現在のフィルダム設計基準では、中心コア部分の透水係数は毎秒0・0001ミリ以下とされています。

この基準に基づいて烏山頭ダム堰堤の浸透漏水量を試算したうえで、現地で実際の漏水量を測定したところ、試算値より1桁《けた》大きい値であることに驚きました。

漏水量は1999(平成11)年9月21日の台湾大地震の前は毎分120〜1080リットル、地震時と以後3年間は毎分300〜2460リットル、地震後3年以降は500〜840リットルでした。どの時点で

烏山頭水庫大壩観測点相関位置図

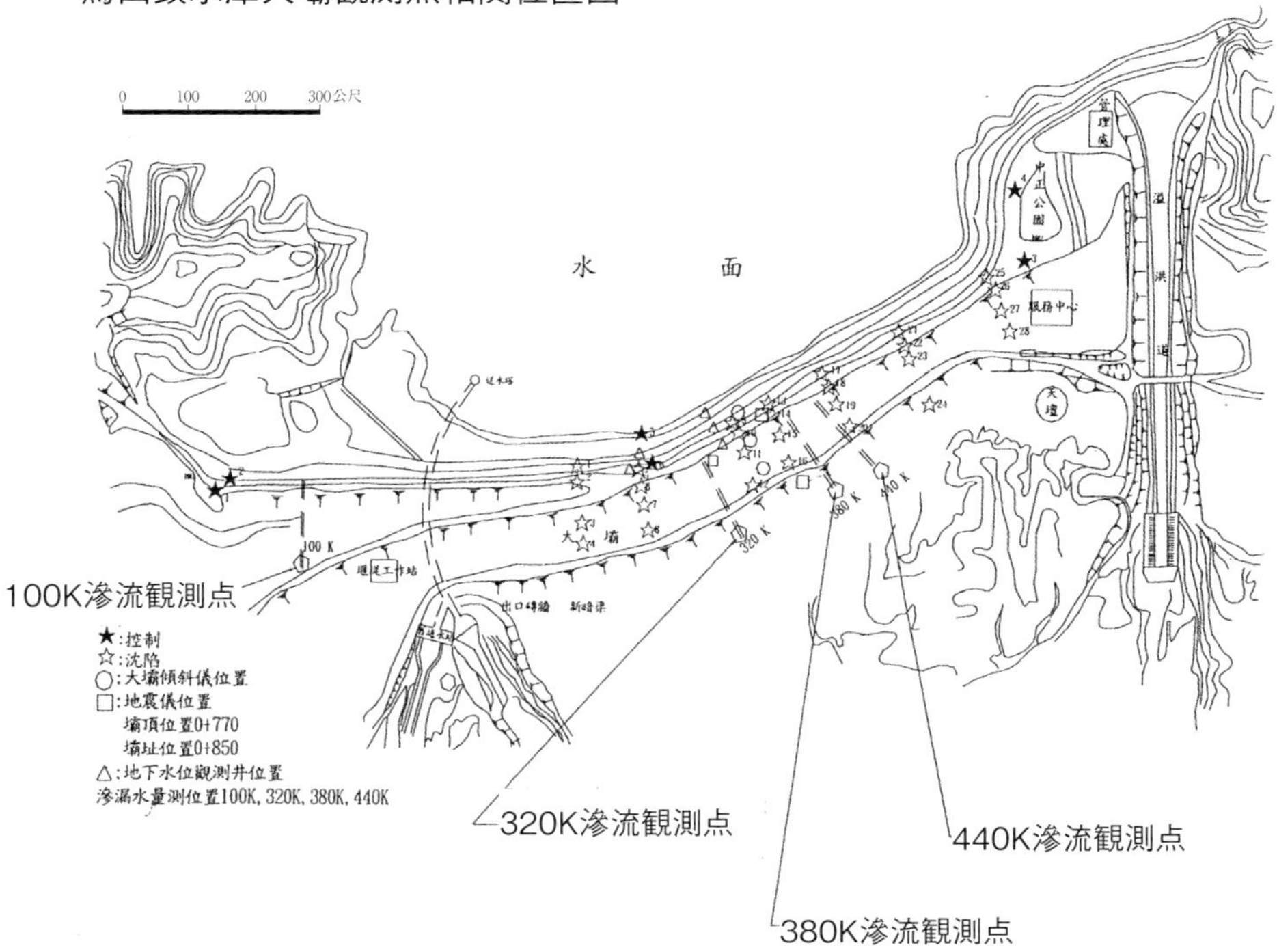

浸透漏水量を観測した380K暗渠出口。毎分108リットル。2007年5月7日撮影

（写真提供：中川耕二氏）

も漏水は清水で、堰堤の安定が保たれていることが分かりました。

この調査結果から、烏山頭ダムの中心コア部分の透水係数を算出すると、毎秒0・001ミリ程度ということになります。堰堤の材料が曽文渓河川敷の堆積物で、最も細かい粒子が微細な砂程度であったとみられるので、この透水係数は理屈に合っています。したがって、烏山頭ダムは水の通りが良い堰堤であると言えるでしょう。

長寿ダムとなった理由

今日まで現役を続けている烏山頭ダムは長寿のダムです。その理由の1番目は、セミ・ハイドロリックフィル工法で造られた烏山頭ダムの堰堤はマルチゾーンのロックフィルダムとなっているので、柔軟性があり、地震の影響で浸透漏水量が増えても、自然治癒《ちゆ》効果が発揮されて安定状態に復元されることです。

理由の2番目は中心コンクリート壁によって堰堤と基盤岩との境界からの漏水が防止されていることです。

3番目の理由は、排水暗渠によって堰堤内部の水の浸潤が安定しており、堰堤に負担をかけない順調な排水がなされていることです。

4番目として、烏山頭ダムは官田渓という支流に造られた離槽水庫なので多量の堆砂《たいさ》を回避できたことが挙げられます。

これらが烏山頭ダムの長寿の秘密です。築堤86年を経た烏山頭ダムの現在の貯水量は建造当時の約半分となっていますが、それでも7000万立方メートルを超えており、嘉南大圳の主要水源として欠かせないものとなっています。

おわりに

烏山頭ダムの特徴についてまとめるに当たり、資料収集には難渋しました。しかし、私の思いと行動を理解してくださった日本と台湾の何人かの方々の温かい協力、また、長年にわたる日台交流を通じて培われた信頼関係があったからこそ、この作業ができたのだと感謝しています。

そして、この作業を行う中で、八田與一技師の遠見、智慧《ちえ》、気力、堅持などを感じ取ることができ、技師のすごさにあらためて感服させられました。

3 1920−1930年

嘉南大圳《かなんたいしゅう》の大工事

八田技師の母校、金沢市立花園小学校に建つ技師の胸像。
台湾の実業家・許文龍氏による寄贈である

総事業予算４２００万円で着工

１９２０（大正９）年9月1日は、嘉南大圳《かなんたいしゅう》の大工事が着工した記念すべき日となりました。総事業費は４２００万円で、そのうち３０００万円は受益者となる組合負担、残り１２００万円が国庫補助となっています。工期は6年を見込みましたが、１９２３（大正12）年に起きた関東大震災のため政府の補助が途絶え、一時的に事業の進行を縮小するなどしたために10年かかり、総事業費も５４１４万円に膨らみました。

嘉南大圳の工事は４つに大別して見ることが出来ます。

１つ目は、全体の中核となる烏山頭《うさんとう》ダム建設工事です。特に高さ56メートル、全長１２７３メートルの巨大な堰堤《えんてい》築造は史上初めての試みで、八田技師が監督、指導する組合直轄の工事でした。毎秒最大７５０トンの

担送によって堰堤の表土を取り除く作業の様子。左の堰堤上に立って作業現場を見下ろしている白シャツの人物が八田與一技師。1923年2月4日撮影（写真：嘉南農田水利会蔵、以下同）

ダムの水を導水路に送る排水隧道《はいすいずいどう》工事も重要で、これは大倉組（現在の大成建設）が請け負いました。

トンネル爆発事故が発生

2つ目は、トンネルを通してダムに水を送る曽文渓《そぶんけい》導水工事です。烏山頭ダムでは、十分な水量を確保するために、阿里山《ありさん》山中から発し、水量豊富な曽文渓の水を引き込むため、その間に横たわる烏山嶺《うさんれい》の下に全長3・1キロメートルのトンネルを掘りました。この工事も大倉組が請け負いましたが、1922（大正11）年12月に、掘鑿《くっさく》中のトンネル内で噴き出した石油ガスがランタンの火に引火して大

曽文渓上流から取水し烏山頭ダムに水を送るための烏山嶺隧道出口の暗渠工事

烏山頭ダムの貯水池から排水路へ送る水を取り込むための送水塔工事

烏山頭ダム排水隧道出口の暗渠工事

嘉南大圳の主要施設

給水路幹線
給水路支線・分線
排水路
潮止堤防
灌漑区境界
曾文渓
烏山嶺隧道
重渓
北幹線
烏山頭堰堤
南北幹線分岐点
導水路
南幹線
大内
山上水源地
官田渓
番子田
新営
新化
麻豆
台南
塩水渓
八掌渓
急水渓
曾文渓
0
5
10
15
20
km

林内第二取入口
林内第一取入口
濁水渓
中国子取入口
林内発電所
林内
濁幹線
急水渓
嘉義
虎尾
濁幹線北幹線連結点
(逆サイフォン)
北港
濁水渓
新虎尾渓
朴子
北港渓
N
台 湾 海 峡

爆発が起き、50余名が命を落とす事故が起きました。

3つ目は、烏山頭ダムとともに水源とした濁水渓《だくすいけい》からの導水工事です。中央山脈を源とする濁水渓が平野部に出てくる林内郷《りんないごう》付近に林内第1、林内第2、中国子の3つの取り入れ口を設けて取水し、濁幹線《だくかんせん》に送りました。

濁幹線からは嘉南平野北部の5万2000ヘクタールを灌漑《かんがい》したのです。

1万6000キロの水路網

4つ目は、給排水路工事です。嘉南大圳の給水路のうち水源からの水を南北に供給する大動脈といえる幹線として、濁水渓から導水

濁水渓から取水する3つの取り入れ口のうち、林内第2取り入れ口の水門　（写真：嘉南農田水利会蔵、以下同）

当時最新鋭のスチームショベルを使った濁幹線の掘鑿工事

曽文渓を水道橋で越える南幹線

する濁幹線と、烏山頭ダムから導水し南北に分かれる南幹線と北幹線があります。南幹線は官田渓《かんでんけい》以南の4万2000ヘクタール、北幹線は官田渓～北港渓《ほっこうけい》間の5万6000ヘクタールを灌漑します。

幹線から支線、分線が枝分かれして、嘉南平野全域を網の目のようにカバーし、その総延長は1万キロメートルに達しました。農地に給水された水は、排水路に流れ込み、最後は海に達します。とりわけ塩害の被害が激しい海岸寄りの土地では、塩分を含んだ水をきちんと排水し、土壌を改良する効果が求められました。排水路の総延長は6000キロメートルで、給排水路合計で1万6000キロメートルと長大な総延長になりました。

また、給水路には、分水門や放水門、余水《よすい》吐《ばき》などが必要で、嘉南平野を流れる河川を渡るために水橋や暗渠《あんきょ》なども造られました。水路を通すことで歩道橋、車道橋、鉄道橋を新たに造る場合もたくさんありました。

海岸や大きな川の河口近くには総延長96キロの潮止《しおどめ》堤防が築かれ、干潮時に海水が大量に流れ込む河川には潮止自動排水門が設置され、塩害から作物を守りました。そのほか、各水門の連絡用電話架線工事などもあり、これらの主要な付属建造物の数は約4千カ所に

北港渓河口からやや北に築かれた東石線潮止堤防

潮止堤防に設置された自動排水門

米国ナイアガラの滝を訪ねた八田技師（左）と蔵成信一技師（写真提供：伊東平隆氏）

嘉義市下路頭に完成した組合本部

（写真：嘉南農田水利会蔵）

上りました。一つひとつの項目の数字の大きさが、事業規模の大きさを物語っています。

米国で大型機械購入

八田與一技師は、1922（大正11）年3月に、蔵成信一《くらなりしんいち》、白木原民次《しらきばらたみじ》の2人の技師とともに渡米しました。ダム先進地のアメリカで最新技術の情報を求め、ダムの視察もしましたが、一番の目的は大型土木機械の購入でした。購入予算は400万円で、総事業費の1割近くを充てました。

この時、購入した機械は大型ショベルカー5台、小型ショベルカー2台、自動転倒式貨車100両、ドイツ製56トン機関車12両で、これらは主に堰堤築造用で、土砂を掘鑿《くっさく》、運搬するために使われました。堰堤工事現場に運んだ土砂は、水の噴射用ジャイアントポンプ5台、土砂の地均《なら》し用スプレッターカー1台などを使って築造されました。

このほか土砂積み込み用のエキスカベーター2台、20馬力巻き揚げ機1台、コンクリートミキサー4台、さらに烏山嶺隧道《うさんれいずいどう》工事用に大型削岩機、坑内ショベル、大型エアーコンプレッサーも注文しています。

当時の土木工事は人力中心で行われ、機械の導入に反対する意見が出ましたが、八田技師は、大型機械による土木工事の近代化と工期短縮を推し進めました。

烏山頭での町づくり

八田技師は、1920（大正9）年8月に施工主体の組合が認定されると、総督府技師を辞任し組合技師となりました。翌1921年2月に組合本部が嘉義《かぎ》市に完成したので、妻外代樹と長女正子《まさこ》、そして前年の12月に生まれた長男晃夫《てるお》の家族をともなって嘉義に転居し、組合の監督課長兼工事課長に就きました。

本体工事の前に道路や鉄道の敷設工事、発電・変電施設工事など事前の準備工事が行われ、それと並行して、作業員たちが暮らす宿舎づくりを行いました。

八田技師が構想した宿舎は、工事作業員が家族とともに生活できる環境を整えることで、それは町づくりと呼ばれる規模になりました。200戸以上の宿舎が建てられ、家族を含めると千人以上が住みました。宿舎のほかに購買部、弓道やテニスの施設、「倶楽部」と呼ばれた娯楽施設、そして病院と学校も建設されました。

こうした居住区の南側には、台湾縦貫鉄道の番子田駅と烏山頭をつなぐ鉄道の停車場があり、工事資材を作るレンガ工場、大型機械の修理などをする機械工場もつくられ、職住近接の働きやすい環境が整えられたのです。

嘉南大圳組合の烏山頭出張所（写真：嘉南農田水利会蔵）

回想 3

温情深い八田技師とその癖

八田技師の部下
阿《あ》部《べ》貞《てい》寿《じゅ》

◉博覧強記で幅広い見識の持ち主

先生はもとより生まれつき優れた才能をお持ちで、博覧強記でした。いつ読み、いつ研究されたのかは分かりませんが、その専門分野の蘊蓄《うんちく》は言うまでもなく、政治、外交、経済、教育、宗教、哲学、また文学、芸術、さらには骨董《こっとう》の趣味に至るまで、非凡で高邁《こうまい》な見解と意見を持っておられ、しかも高い信念と強い意思の持ち主であって、いろいろな機会に口にされる一言一句は、貴重で良い参考となり、啓蒙されることが多くありました。

筆者は1917（大正6）年に年が変わったころに先生の知遇を得て、20（大正9）年に先生が嘉南大圳新設工事施工の重責を帯びて赴任される際に、主として水源工事方面の担当を命じられて従事し、工事が完成するまでの10年間、

阿部貞寿（1890～1968）　宮城県仙台市生まれ。東北帝国大学卒後、台湾総督府に勤務。八田技師の下で、嘉南大圳組合烏山頭出張所の堰堤係長を担った。八田技師の信任が厚く、1930（昭和5）年に八田技師が烏山頭を去ると、出張所長の後任を務めた。

この回想は、1942（昭和17）年10月発行『台湾の水利』第12巻第5号掲載の阿部貞寿「在りし日の八田先生の追憶」の一部を抜粋しました。「ですます」調に現代語訳してあります。

先生の側《そば》で仕え、指導啓発を受けたので、この期間のことが最も印象深く追憶の念をかきたてるのです。これは筆者一人だけでなく、従業員のだれもが同感だろうと思います。

当時、わが国の画期的な大灌漑《かんがい》工事であった嘉南大圳《かなんたいしゅう》新設工事。特にその工事の根幹となる水源、珊瑚湖《さんごこ》を新しく形成するための築堤は、学界でかなりやかましく論議された半水成式堰堤《えんてい》築造法（セミ・ハイドロリックフィル工法）であり、堰堤の長さといい、高さといい、盛り土量といい、またその工程などいろいろな点において、学界はもとより内外の識者の環視の的でした。それだけに、計画、設計、実施、監督の主人公である八田先生が初志貫徹するための辛苦は容易でなく、それこそ悲惨な覚悟のもとに不眠不休、全身全霊の心血を注がれた崇高な姿は、いまでも目の前にありありと見えるほどです。

◉烏山頭の大家族の家長

八田先生の性格は、強くまっすぐで気高く、しかも一面では風雅の心が豊かで、温情あふれるものがありました。

烏山頭水源工事の現場は、従業員とその家族を合わせると数千人におよ

作業員の慰安のために設けたクラブの落成行事で幹部技師が七福神に扮装。八田技師（右端）は国造神の役で踊りを披露した

ぶ新しい集落をなしていましたが、人々の生活上のことや幸不幸についても、上下の差別をせずに気を遣われ、集落には小学校あり、派出所あり、購買部あり、倶楽部あり、共同浴場ありでした。

とりわけ衛生医療機関の設備に努められ、特にマラリア防止については特別の予算を計上し、中央研究所から専門家を招いて研究と防止に努め、投薬と保健を講じられました。これは後年、本島のマラリア防止について良い参考となったと聞いています。

また娯楽慰安についても、八田先生独自の方法を講じられて、よく言われるように「民と共に楽しむ」、心底から隔てのない和やかさで接し、これによって、陥りやすい酒、賭博などの弊害が改められ、警察沙汰となる事故の発生を減らして、工事の能率を増進することができたのです。

このように八田先生のお考えから出た施策で、

従業員らは和気藹々《あいあい》のうちに先生を烏山頭の大家族の家長だと尊敬したので、工事中、従業員同士の軋轢《あつれき》や、忌《い》まわしい事故を起こさなかったことは、ひとえに八田先生の偉大な徳望と施設の良さによるからにほかなりません。

◉髪をむしる場所で機嫌が分かった

八田先生は口数が少ないほうの方《かた》で、実行の士でしたが、誤った行為や不正に対しては厳格にこれを正し、非難されました。しかし、いたずらに怒号をあびせるのではなく、よく分かるように説明する方法でされたのです。

ただし、時には雷を落とすこともありましたが、筆者ら従業員には雷が落ちることを予知する標識となる癖《くせ》が先生にはありました。それは、先生はどんな時でもある時間、無我の境地に入って思索し想を練られたのですが、その時は必ず後頭

烏山頭に建設された宿舎と構内全景。1922年1月10日撮影（写真：嘉南農田水利会蔵）

部の髪の毛をねじりむしられるのです。この場合は、名案があふれ出ることが多いのですが、髪をむしる場所が前頭部に回ってくると、雷が落ちる兆候として警戒が必要で、筆者らも避難の隊形をとったものです。しかし、ひとたび雷雨が過ぎると、さわやかな風、さえわたった月のようにさっぱりとしたもので、わだかまるものはなく、残るのは言葉では表せないような尊い教訓でした。

◉たちまち眠り、そして目覚める

また重責と多忙のためか、当時、八田先生の夜の睡眠時間は3、4時間と聞いていますが、車中とか現場巡視の際、長身の体を車上や芝生上の木陰に横たえて、わずかの時間を利用してたちまち眠り、たちまち目覚める特長をもっておられました。古来、偉人にはこの型が多いものです。これらは先生の非凡を示す一片であると思います。

工事用機械の修理などをした烏山頭の機械工場（写真：嘉南農田水利会蔵）

回想 4

作業服にゲートル姿

八田技師の長男
八田《はった》晃夫《てるお》

◉あの銅像こそ父の姿

戦後、台湾の人たちの手で建立された父と母の外代樹《とよき》の墓が、父の造った烏《う》山頭《さんとう》ダムのほとりにあります。毎年、父の命日の5月8日、金沢などからの訪問団と現地の水利会の人たちによって墓前祭が営まれ、私たち夫婦も出かけていますが、その墓の近くに父の銅像も残っております。

ダムの完成後に像を建立する話が持ち上がり、父は固辞したものの容《い》れられず、それならば、といろいろ注文を出してできあがった像だそうです。像は正装して威儀をただしている姿ではなく、作業服にゲートルを巻いて腰を下ろし、遠くに視線をやる姿です。

できた当初は台座もなく、文字通り大地に腰を下ろしてダムを眺めるという

八田晃夫（1921～2006）八田與一の長男として台北市に生まれる。旧制台北一中、一高、東京帝大工学部を卒業、1945（昭和20）年建設省（当時は内務省）に入り、主に都市計画行政に携わり、愛知県土木部長、名古屋高速道路公社副理事長などを歴任。

この回想は、2006（平成18）年12月発行『北國文華』第26号掲載の八田晃夫「父の背中」から抜粋したものです。

あまり例のない銅像ですが、あの像こそ私が小さいころから知っている父の姿です。

背広にネクタイ姿の父は、ほとんど記憶にありません。銅像の父は右手を髪にやっています。これはものを考えるときの父の癖《くせ》で、ゆっくりした指の動きで髪をさわっているときは機嫌の良いとき。逆に指がせわしなく動いて髪をいじっているのは機嫌が悪いときのしぐさで、そんなときは父には近づかないようにしたものです。

ダム建設に伴う水路の起工式の写真が残っています。大勢の工事関係者が並ぶ先頭に父の姿、その横に私が並んで腰を下ろしています。写真に写っている子どもは私一人だけ。わざわざ父

烏山頭貯水池余水吐並びに送水工事起工式の記念撮影。一番手前が八田技師、その右が晃夫少年。1929年2月16日撮影（写真：嘉南農田水利会蔵）

に連れられて行ったのでしょうが、まったく記憶に残っていません。

父は家族にダム建設などの仕事の話はしませんでした。幼い子どもも、そんなことに関心はないものです。

◉ラジオがやってきた

烏山頭には、ダム建設のために200戸ほどの従業員の集落ができ、私も2歳のころから10歳まで、そこで過ごしました。小学校や診療所、テニスコートやクラブハウスもありましたが、娯楽の乏しい山の中の暮らしでした。

小学校1年のころだと思います。「ラジオを買ってくる」と出かけた父を、近くの駅まで出迎えたことを覚えています。

小型バスがいっぱいになるくらいに箱詰めされた器具が届いて、それをクラブハウスに設営しました。長いアンテナを2本立てるなどして、ようやくセットし終えたということで、ある夜、聴きに出かけましたが、「ガーガー」という雑音が聞こえるばかり。1時間ほど、その場にいて結局、何も聞こえなかったことを覚えています。

まだまだ珍しいラジオ放送を、集落の人にいち早く聴かせてあげようという父の思いだったのでしょう。その後、手を加えて放送が聴かれるようになったのでしょうが、私の記憶に残るのは、いつまでも続く「ガーガー」という音です。ある夜、家の広い庭に電線が張り巡らされ、たくさんの赤や青の豆電球が輝いていた光景も記憶にあります。あれは、何か工事が完成したお祝いだったのでしょう。豆電球の下で大人たちが宴会をしており、「赤い灯《ひ》、青い灯、道頓《どうとん》堀《ぼり》の……」という歌声まで覚えています。

子どものころの記憶というのは、そういうものではないでしょうか。

◉父の背中で眠る

明治生まれの父ですから、子どもの教育は母任せ。母にはよくしかられましたが、父からあれこれ言われたことはまったくありません。

父はマージャンが好きで、夕食後、用事がないときは近くのクラブへよく出かけていました。遅くなると、母に「迎えにいきなさい」と言われて、暗い夜道を一目散に走っていくのが私の役目。クラブに着いて父の傍らでマージャンを見ているうちに、ルールや複雑な点数の数え方まで覚えてしまいました。5歳ごろのことです。

もっとも、一人で父を迎えに行く夜道の闇が怖かったことは覚えていますが、どうして家へ帰ったものか、記憶は定かではありません。マージャンが終わるのを待ちくたびれてクラブで眠ってしまい、父におぶさって帰ったに違いないのですが、記憶にない「父の背中」です。

◉父の死と母の失意に衝撃

１９３０（昭和５）年に烏山頭ダムが完成し、私たち一家は台北に移ります。私は旧制中学を卒業した後、東京の高校、大学に進むために台湾を離れました。大学の入学手続きを終えた１９４２（昭和17）年3月、台湾に帰省しましたが、このときが家族そろって顔を合わせた最後になりました。ほどなく父が「これからフィリピンへ出かける」と、３人の部下を伴って出張辞令をもらうために上京してきました。誘われて銀座で天ぷらを食べました。

私は、父と同じく工学畑に進んでいました。が、父はいつものように学業のことを尋ねるわけでも、あれこれ注文を付けるような話をするでもありません。寮生活を送っていた私のことを気遣ってのごちそうだったのでしょう。当時は高価なエビの天ぷらを振る舞って、「帝国ホテルの定食よりも高いんだ」といった会話を覚えています。

父の乗った船は、フィリピンへ向かう途中、アメリカ軍潜水艦の攻撃を受けて東シナ海で沈没しました。６月に入って父の遺体が収容されたという連絡があり、山口の萩まで出かけて台湾総督府から来た人と二人で父を荼毘《だび》に付し、総督府葬が営まれるということで遺骨を託しました。

やがて送られてきた葬儀の写真を見て、母の面影が一変しているのに驚きました。ふくよかだった母が、ぺそっと面やつれして写っているのです。

父の死も衝撃でしたが、このときの母の変わりようにも私は大きな衝撃を受けました。しかし、母からは、父の最期のこともあり、台湾への海路が危険だから「帰ってこないように」と戒められていました。

◉16歳で台湾へ渡った母

両親が結婚したのは1917（大正6）年、父は31歳、母は16歳で、金沢の女学校を卒業した年です。父の実兄と母の父が共に医者で知己の間柄だったことから縁談が進んだそうですが、当時、台湾は伝染性の熱病が流行する「瘴癘《しょうれい》の地」、賊《ぞく》も横行する野蛮《やばん》な地と言われていました。が、周囲からの反対の声を母の父が押し切ったということです。

女学校を出たばかりで西も東も分からないような母が、そんな土地で暮らしたのですから、どれだけ父を頼り切っていたのか、と思います。親が互いにどれだけ愛情を抱いていたのか、子どもからうかがい知れるものではありませんが、父を失った折の母の失意はいかばかりだったか、と思います。

◉山を下り、悲報を知る

父だけでなく、母の死に目にも会うことはできませんでした。

私は大学を出た後、海軍技術中尉として京都・舞鶴で終戦を迎えました。500人余りの兵を帰郷させる手はずを整えた後、将校ばかり10人ほどは、「米軍と最後の一戦を交える」と、軍刀一振りを携えて近くの山寺にこもりました。ところが、肝心の米軍はいっこうに上陸せず、そのうちマッカーサーが厚木に来たと知らされ、拍子抜けして山を下りました。血気盛んな20代の出来事です。

母は、私が山寺にこもっていたころに、父が造った烏山頭ダムに身を投じていました。父の死後、母は弟や妹と一緒に台北で暮らしていましたが、1945

1942年に台北の官舎近くで撮影した八田夫妻。2人が写った最後の写真となった
(写真提供：金沢ふるさと偉人館)

（昭和20）年に入って空襲を避け、烏山頭に疎開していました。それがいけなかったのかもしれません。

敗戦で、日本人は本土に引き揚げることになりました。しかし、母は「台湾の土になりたい」として、命を絶ちました。台湾総督府の東京事務所からその知らせを受けたとき、弟や妹を残して逝った母のことを正直、恨みました。私にとって、恨みごとではありましたが、時がたつにつれて、台湾の土になりたいという母の願いが理解できるようになってきました。

戦後、台湾再訪を果たしたのは１９７４(昭和49)年。仕事にも多少の余裕ができ、妻と二人で墓参に行きました。実は父の部下の一人が妻の父で、妻も烏山頭がふるさとです。２００戸以上あった集落は20、30戸と寂しくなっていましたが、通った小学校の校舎はそのままでした。

その後、小学校の同窓会を烏山頭で開いたり、台湾の卒業生の世話で旧制高校の寮歌祭が現地で開かれたのに足を運んだり、父母のふるさとの金沢から毎年のように訪問団が出かけるときにも同行しました。

１９３０(昭和５)年に烏山頭ダムが完成したとき、現地に電力会社が設立され、父に社長就任の話があったそうです。母はそれを望んだそうですが、父は台湾総督府へ戻って「技術屋」を続ける道を選び、さらに、技術協会を組織したり、測量学校をつくったりして大勢の台湾人子弟を育成しました。墓前祭には戦前、家に出入りしていた測量学校卒業生も姿を見せてくれます。

◉父と同じ工学畑へ

母は、実家の父や兄と同じように、私を医者にしたかったようです。しかし、私はそれを嫌い、工学畑を選びました。父は何も言いませんでしたが、父と同じ道ならば反対されないだろう、と思ったからです。あるいは、父へのあこがれの気持ちがあったのかもしれません。

子どものころは、作業服とゲートル姿の「所長さん」としか父のことは意識していませんでしたが、工学部へ進んで、その仕事のことが分かるようになりました。烏山頭ダムの工事は、建設用の機械を使った大規模な土木工事の草分けでした。残された写真には当時、現場を訪れた高名な研究者の姿も写っています。

◉「パッテンライ(八田来)」

後年、ゆかりの人から父らしいエピソードをいくつか聞かされました。その一つですが、ダム建設工事中の烏山頭では、「パッテンライ(八田来)」という言葉がよく使われていたそうです。

娯楽の乏しい工事現場では、ときに作業員の間で賭け事が行われていました。集落にある派出所が目を光らせることになりますが、父は「ささやかな楽しみだから見逃してほしい」と掛け合い、黙認させたそうです。もっとも、それに伴うけんか騒ぎは厳禁という条件付きで、「見つけたらクビにする」と作業員に申し渡したということです。

そうはいっても、もめ事やけんか騒ぎは起こります。が、そんな時でも父が姿を現すと「八田来《パッテンライ》」「八田さんが来た」という言葉とともに、ピタリとけんかは収まったということです。

父の性格だったのでしょうが、日本人の部下であれ、台湾の人であれ、常に分け隔てることなく接していました。作業服とゲートル姿の「技術屋」の誇りなのかもしれません。分け隔てなく接し、ときには、日本人、台湾人の区別なく厳しく叱っていたということです。

寄稿 3

兄八田智証《ちしょう》と弟與一

前金沢ふるさと偉人館長
松田《まつだ》章一《しょういち》

◉暁烏敏《あけがらすはや》と共立尋常中に学んだ智証

八田智証は１８７７（明治10）年の生まれで、弟與一より９歳年上である。亡くなったのは１９２７（昭和２）年９月22日。金沢市彦三《ひこそ》２丁目６番地の自宅であった。

胃がんであった。

その当時の記録は、若い頃からの親友であった暁烏敏が『願慧《がんえ》』という月刊誌に詳しく書いているので、それを引用しながら、その壮絶な晩年を眺めてみたい。

暁烏敏は浄土真宗大谷派明達寺《みょうたつじ》（現石川県白山市北安田町）の住職で、明治、大正、昭和に国内外に強烈な信仰改革と人間解放を説いた革新的仏教者であ

松田章一　１９３６（昭和11）年、能美市生まれ。金沢大法文学部卒。金沢大附属高教諭、金沢学院短大教授などを経て金沢ふるさと偉人館長、鈴木大拙館長を２０１３（平成25）年３月まで務める。高峰譲吉博士研究会理事。金沢市在住。

る。

若い頃から親友だったのは、二人の学んだ中学校が、東本願寺と石川県との共同出資で設立した金沢共立尋常中学で、1889（明治22）年に暁烏が入学し、翌年、智証が入学したからである。

この中学には、僧侶の子弟もいたが一般市民の子弟もいた。金沢一中（現在の金沢泉丘高校）の前身で、当時はここを卒業して四高や医専に受験入学した。

八田智証は僧侶になるつもりではなく、金沢医専に進学するために学んでいた。

◉智証49歳の覚悟

50歳の暁烏が、1926（大正15）年12月よりインド・ヨーロッパ旅行に出掛け、帰国したのは翌1927（昭和2）年7月15日

八田家の兄弟。左から三男智証、五男與一。その左は次男又五郎、長男誠一か

（写真提供：八田峰夫氏）

であった。帰国して八田智証家の火事やら彼の病気やらを知った。

「今年の春から病気をやって、入院中に家が焼けた。三月に退院して間もなく胃癌《がん》であるということが分かったので、もう死を決していた。私が七月帰国して後、火事見舞いやら、病気見舞いやらをかねてちょっと行ったら、彼は衰弱した身体をもって火事場の跡の新築の家の大工小屋に立っていた。私はその衰弱した相に驚いた。暫《しば》らくバラックの中に語った。彼は既に死を覚悟していたのであった。ただ子供たちのために家を一つ建てて死ぬというていた」。

この時智証は49歳。

◉自らの最期を予知して與一を呼ぶ

1927(昭和2)年8月17日、帰国した暁烏へ智証は次のような手紙を送っている。

「母や兄の一周忌を兼ねて、お盆のお経と心得て阿弥陀経《あみだきょう》一巻をお願いいたしたいと思うのであります(長いお経はイヤ)。ちょうどその頃は台湾より弟が来る頃と思い、三日とお願いしたのでありますが、御都合により四日でも五日にても差支《さしつか》えありませぬけれども、なるべくならば三日にお願いいたしたいものです。貴下の御確答得次第台湾へ打電いたしたいと思うのであります。今月一パイに（住宅の再建が）八分通り出来ますから、まず月末にバラックより移転いたします。

昭和二年八月十七日夕

智証拝」

最後の法事と思い、自らも最期だと予知して、弟與一を台湾より迎えようとしていたのだ。

さらに10日後の8月28日の智証の手紙。

「小生も二十日よりいよいよ就床《しゅうしょう》するようになりました。二十三日よりは服薬がマダルク自ら注射して鎮痛につとめております。又たとい食べずとも直《す》ぐ吐きますから、何も飲食することができぬようになりました。親族、大工はじめ一般の人々へは未だ胃潰瘍《いかいよう》なりとて、胃癌《がん》にて近き内にダメなりとは打ち明けていませぬが、貴僧の御読経後、ここに初めて秘密にしておったことを打ち明けたしと存じておる処《ところ》です。注射も昨今は一日十回以上に及びます。テキナク、毎日々々苦しい思いに充ちておりま

1927年、インドを旅行中の暁烏敏

（写真提供：明達寺）

す。此《こ》の様子では来月中頃迄《まで》は六ケ敷《むつかし》からんと心窃《ひそ》かに思っております。
人生五十唯此《ただこ》此の侭《まま》に秋の風
秋風や独りテクック死出之《の》山三途《さんず》の川に息を入れつつ
尤《もっと》も句にも歌にもなりませぬが、もしなるようでしたら御斧正《ふせい》のほどお願いします。辞世の何かにならぬものですか。もし幸いになる見込みあるものならば是非御斧正を乞《こ》い奉《たてまつ》る。
二年八月二十八日　　智証」
医者らしく、自らの病状を冷静に見つめ、生きている間になすべきことをし終えておこうとし、辞世の歌まで用意した。
台湾にいる弟與一をも呼び寄せたく、與一の上司に宛てて帰国の依頼をしている。このことを烏山頭トンネル工事大倉組責任者の藤江《ふじえ》醇三郎《じゅんざぶろう》は次のように追憶している。

◉與一を斯《か》くあらしめた兄弟愛

「兄さんの病気が愈々《いよいよ》いけなくなった時に来た手紙で、その文面も覚えております。自分の病気の苦しいことは夢にも言うてありませんが、自分の病気はもう天命の尽きるものである。

しかしそう言う事をこの国家の大事業に関係しておる與一に聞かすことは事業の上に影響があっては国家に対して相済《あいす》まんと思い、今日まで黙ってきたが、何卒《なにとぞ》弟をして此《こ》の大事業を滞《とどこお》りなく完成を見る様に貴下が良く鞭撻《べんたつ》され、此の上ともご支援を願いたいという手紙であります。思い出すと今でも涙が出てきます。お許しが頂ければ今からでも一辺お帰し願えれば、生前の別れを告げたいという手紙であります」(「故八田與一氏を偲ぶ座談会」昭和17年8月)

さらに與一の上司の枝徳三《えだとくぞう》に宛てた智証の手紙も紹介されている。

「もしお許しがいただければ、一度帰して頂きたいという手紙でありました。実に弟を思い、その事業を思う八田與一さんと同じような性格を持った人であると今でも思っておりますが、枝さんに宛てた手紙を見て泣かされたのでありますます。これなんか八田さんの性格を偲び、八田さんを斯くあらしめたという兄弟愛といいますか、本当に美しい話だと思います」(同前)

暁烏の回想。

「その後病気はだんだん悪くなった。最後の法事をするというので九月の五日に彼の家へ行った。台湾にある令弟與一氏外《ほか》親類の人が集まった。彼はパンドポンの注射を日に何十回となくやって苦痛を忍んでいた。もう氷も喉《のど》に通らなくなっていた。その枕辺で読経し法話をした折りには私も胸が痛かった。死んだらぜひ葬式をしてくれということを懇々《こんこん》というので、私は引き受けた」

死を覚悟した智証のすさまじい覚悟がある。

◉智証は一生、直心の男であった

1927(昭和2)年9月、暁烏はこの時も東北地方一円に講演旅行をしていて鶴岡で講演中であった。そこへ八田智証の死去が知らされて来た。

「金沢の八田禎一君から、今朝九時半父智証死去す云々《うんぬん》の電報が来ていた。八田君は私と同年である。中学校は一級下であった。君は中学校を出てから、医者になろうとした。そして金沢医専を出た。久しく金沢病院に勤めていた。後、金沢で開業して内科の大家となった。私の先妻の病んだ折りにも、母の病んでいたおりにも度々来てもらった」と暁烏は旅日記に書いている。

東北を講演旅行中の暁烏は鶴岡まで来て、智証の長男禎一からの電報を受け取った。

「電報を受け取って直《す》ぐかえらねばならない。明日は新発田、明後日は新潟の講話の約束がある。新発田だけは明日約を果たすことにして、新潟の方へ断りの電報を出した。二十三日の朝鶴岡を出て新発田に着き中学校で講話をし、夜行で発った。

二十四日朝金沢へ着くと、すぐに八田君の家に行った。もう棺に納まっていた。君が静かに死を決していたのでみんなが落ち着いていられる。私も何か引きしまるような気がした。

午後二時に告別式を始めた。日本全国から涙の出るような弔電が沢山《たくさん》来た。彼との約に従って火葬場まで送った。彼の焼けるのを待っておる親類知己の方々に法話をしておるうちに、もう焼けたという案内を受けた。灰葬をして夕方君の家に行った」

「二十五日。中陰法事をつとめに八田君の家に行った。焼香の際に涙と共に語る令弟と智証君との対話を聞いて私も泣いた。厳粛な終わりであった。彼の法名を直心院《じきしんいん》釈《しゃく》智証《ちしょう》とつけた。彼は一生直心の男であったからである」。

「令弟と智証君との対話」の内容は書かれていない。完成間近の烏山頭ダム工事を差し置いて兄の死の床へ駈《か》け付けた弟との語りあいは、想像するしかない。

暁烏の弔歌。

友の死のしらせを得たる旅のやど虫のなく音を悲しくきくも

「私は常に畏友《いゆう》として親しんでいた。いつでも私に直言してくれた良い友人であった。彼が往《い》ったのは私に一層のさびしさを感じしめるのである」

◉暁烏の台湾講演旅行と與一

1933（昭和8）年10月2日から11月26日まで、暁烏は妻総子と共に台湾講演旅行に出掛けている。

「十月二日。三時台北に着く。八田、藤江その他の諸君に迎えられる。夕方八田與一、藤江醇三郎二君に導かれて官幣大社台湾神社に参詣。参詣後台北を去ること三里ばかりの所にある北投温泉の藤江くんの別邸に行く」

台北から始まり、主として各地の学校での講演を続け、10月16日に烏山頭ダムに向かった。

「朝早く八田與一君に迎えられ、同君の労になれる嘉南大圳の烏山頭の堰堤を見る。八田君の銅像の前で写真を撮る。大正十二年から十年間にこの大堰堤が出来た。経費五千万円、目下十三万五千町歩の灌漑をなす。日本第一の堰堤なり。八田君が三十一歳の時設計し、十年の労を経てなりしもの。八田君の設計を採用して工事にかかりしときの総督は田健次郎氏、民政長官は下村宏氏、土木課長山形要助氏なり。よく三十一歳の八田君の説を容れてこの大工事を成さしめたるものなり」

おそらくこの記事が、初めて石川県にもたらされた烏山頭ダムを報《しら》せたものではなかろうか。残念ながら、八田の銅像前で写した2人の写真はまだ見つかっていない。

10月31日には台湾を一巡して台北に戻った。「三十一日　藤江君に案内せられて八田君の宅を訪う。細君と子供を見る」とあるから、外代樹夫人や長男晃夫らと出会っている。この後、八田から生蕃壷《せいばんつぼ》や台湾の人形をもらった。いまは松任ふるさと館の所蔵となって埃《ほこり》をかむっている。

兄智証と暁烏の関係から、與一の一面を述べてみた。

八田技師から暁烏敏に贈られた台湾の人形（松任ふるさと館蔵）

4 1930−1942年

完工、そして烏山頭との別れ

八田與一、八田四郎次、佐藤賢了の3人が金沢市今町の八幡神社に寄進した1対の灯籠。建立は技師没後の「昭和十八年三月」と刻まれている

完工への道のり

烏山頭《うさんとう》ダムは１９３０（昭和５）年に完成しました。５月10日に竣工式が行われ、烏山頭の広場では工事関係者やその家族に加え近郷の人々も招待し、３日間にわたって祝賀会が開催されました。５月15日には嘉南大圳《かなんたいしゅう》の通水式が行われ、毎秒70トンの水がダムから排水隧道《ずいどう》を通り、導水路から南北の幹線に分かれ、支線、分線を通って農地に供給されました。広大な嘉南平野全域に行き渡るには３日を要したといいます。

嘉南大圳のうち、北部水源の濁水渓《だくすいけい》から導水する濁幹線と給水路はすでに６年前の１９２４（大正13）年に出来上がり、29（昭和４）年に排水路や潮止《しおどめ》堤防なども完成して、一足早く給水を開始していました。

烏山頭ダムの方は、１９２４年にダムの排水隧道が竣工し、26年にダム堰堤《えんてい》工事が起工

烏山頭ダムの堰堤工事では工期の遅れを取り戻すために夜間に照明の下で工事が続けられた
1928年10月10日撮影（写真：嘉南農田水利会蔵）

しました。工事全体は関東大震災の影響で予算の縮小を余儀なくされ、当初の6年から10年に工期を延長し、時間のかかる堰堤工事については夜間も照明の下で行い、遅れを取り戻しました。

1928（昭和3）年に曽文渓《そぶんけい》から烏山頭ダムに導水する烏山嶺《うさんれい》隧道が貫通、翌29年、隧道建設の難工事が竣工しました。同年10月には北幹線、南幹線やそれにつながる網の目のような支線、分線の給水路、排水路もほぼ完成し、ダムの完成を待つばかりとなっていたのです。

烏山頭を去り台北へ

嘉南大圳を完成させた八田技師は、組合技師を解職となり、組合の技術顧問になりました。しかし、間もなく総督府勤務に復帰することになり、1930（昭和5）年8月に一家は台北市に引っ越しました。この頃、與一、外代樹夫妻の間には、長女正子《まさこ》、長男晃夫《てるお》のほか1923（大正12）年生まれの次女綾子《あやこ》、翌24年生まれの三女浩子《ひろこ》、25年生まれの四女嘉子《よしこ》、27年生まれの次男泰雄《やすお》、29年生まれの五女玲子《れいこ》の7人の子がいました。そして台北に移った翌年の31年に六女成子《しげこ》が誕生し、二男六女の兄弟姉妹になりました。

住まいは、旅館滞在や借家住まいを経て、1931（昭和6）年秋に台北市幸町にできた総督府官舎に入りました。総督府から西に1キロメートルほどのところで、広い庭では八田技師が花を咲かせて愛《め》でました。

予想を超えた嘉南大圳の成果

八田技師一家が台北市へ去った嘉南大圳組合では、農産物の収量を増やすことで事業の成功を達成するため、3年輪作給水法の実施という大仕事に奮闘していました。3年輪作給水法は、嘉南大圳の設計時に八田技師が水量不足を克服し、嘉南平野15万ヘクタールが平等に水の恩恵を受けるための方策として考え出した計画で、実施にあたり精密に練り上げられていました。

嘉南平野15万ヘクタールを3区域に分け、その区域を1区画150ヘクタールの給水区画に分割しました。各給水区画はさらに50ヘクタールずつに3分され、1つの区画では夏季に水が必要な稲作、もう1つの区画では秋から冬に水が要るサトウキビ作、そして残りの1区画では野菜などの雑作を行います。

しかも、この3区画ではそれぞれ輪作を行い、連作障害を防ぎました。海岸部では用水で土地の塩分を減らしたり、深く耕すことで土壌を改良するなどの対策も行われました。

当時の嘉南平野の農地所有者は約10万人、農民は約60万人で、彼らが旧来から続けてきた農業習慣を集団的統制のある近代的な農法に置きかえるために根気の要る説明と指導が続きました。その結果、給水開始から3年後には、目覚ましい成果が表れました。

農産物全体の生産額は、嘉南大圳完成前の1400万円から3400万円余りへと、倍以上に増えました。内訳は米が790万円余り、サトウキビが1150万円、雑作物が150万円などです。

これに加えて、計画時にも想定していた地価の上昇がありました。完成前に1ヘクタールあたり300円だった地価は3倍の900円になり、値がほとんどつかなかったかつての荒れ地も1ヘクタール200円になるなど予想を超えた上昇となりました。全体では9540万円増で、生産額の上昇とともに、以前は飲み水にも苦労していた農民の暮らしが劇的に改善していったのです。

台湾最大の穀倉地帯になった嘉南平野の成功はだれの目にも明らかになり、八田技師の名は台湾全土に知られました。

外代樹とともに中国旅行

1935（昭和10）年8月、八田技師は大陸の中華民国福建省《ふっけんしょう》の灌漑《かんがい》施設を計画するため調査旅行に出掛けました。同省は台湾海峡をはさんだ向かい側で、省政府の主席を務めていた陳儀《ちんぎ》が八田技師に調査、設計を依頼したのです。おそらく陳儀は、同年に総督府が開催した「始政四十周年紀念台湾博覧会」を視察した際に嘉南大圳の成功と八田技師の活躍を知ったのでしょう。八田技師は期待に応え、調査のうえ灌漑計画書を提出しました。

八田技師はこの旅に外代樹夫人を同伴しました。8人の子どもたちを台北に残しての旅となるため、出発前に撮影した家族写真が残っています。台湾を除けば、外代樹にとっては、初めての海外旅行で、家庭を任せきりにしてきた八田技師が外代樹に贈った大きなプレゼントでもありました。

1935年8月、中華民国福建省へ旅行する前に、台北市幸町の自宅の庭で撮影した八田家の記念写真。前列右から妻外代樹、六女成子、與一、五女玲子、次女綾子、次男泰雄。後列右から四女嘉子、三女浩子、長女正子、長男晃夫（写真提供：深尾立氏）

官服姿の八田技師＝1941年1月撮影
（写真提供：伊東平隆氏）

勅任官《ちょくにんかん》技師となる

　嘉南大圳の後に八田技師が取り組んでいた仕事は、台中市の急流河川、大甲渓《だいこうけい》の電源開発計画でした。1934（昭和9）年、台湾東部の花蓮《かれん》で烏山頭ダム工事で使った大型土木機械を投入して港を築く工事が行われていました。現地で開かれた水利大会に参加した八田技師は、そこから台湾中央山脈を西に向かって踏破し、大甲渓の電源開発計画を立てました。しかし、資金不足のため工事実施には至らず、戦後、中華民国政府によって、徳貴ダムとして実現しました。

　1939（昭和14）年、八田技師は勅任官になり、勲四等瑞宝《ずいほう》章も受章しました。総督府には60人の専任技師を置くことになっていましたが、その中で1人だけ勅任官にしてもいいという決まりがあり、それになったのです。当時の官制では、官公庁に勤める官吏は、下から順に判任官、奏任官、勅任官、親任官という階級になっており、総督府では台湾総督だけが親任官で、それに次ぐ局長級が勅任官でした。八田技師は総督府の技師たちの頂点に立ったのです。

大洋丸の悲劇

　1940（昭和15）年11月、八田技師は農林調査団長として当時、日本軍が占領していた海南島《かいなんとう》を調査し、水利、発電計画を軍に提出しました。翌年5月には大甲渓発電計画に役立てるために、日本、朝鮮半島、中国のダム施設を視察しました。9月に視察を終えた八田技師は、久方ぶりに郷里金沢に帰りましたが、これが最後の帰郷になりました。

1942（昭和17）年4月、台湾総督府に陸軍から電報が届き、フィリピンの綿作灌漑計画を立てるため「八田技師またはその他の水利に関する権威者を至急派遣するよう要請してきました。

八田技師はこれに応え、烏山頭時代からの信頼できる部下である湯本政夫《ゆもとまさお》技師、八田技師と同郷の後輩で総督府土木課に勤務していた宮地末彦《みやじすえひこ》技師、河川の流量調査を専門とする総督府土木課の市川松太郎《いちかわまつたろう》技手の3人とともに台湾を出発し東京に向かいました。

4月22日に東京に着いた八田技師は、金沢市今町の同郷で陸軍軍務局長であった佐藤賢了《さとうけんりょう》に会い、以後、母校の東京帝大土木教室で講演するなどしたほか、長女正子や長男晃夫に会っています。また、台湾に残した家族をはじめ多くの知人に手紙を書き送りました。

八田技師らは5月4日、広島県に移動し、翌5日に宇品《うじな》港で大洋丸に乗り込みました。技師らは、「南方開発派遣要員」の一員で、一緒に乗船したのは東南アジア各地で開発を計画する技術者と商社などの開発専門家ら1010人のほか軍人34人と乗組員で、合計1360人でした。6日に下関に寄港した大洋丸は、7日、他の輸送船とともに船団を組んで東シナ海に向け出発しました。

そして8日午後7時30分すぎ、アメリカ軍の潜水艦グレナディア号が発射した魚雷が大洋丸に命中。火災が起こり積載していたカーバイトや弾薬に引火し、大洋丸は沈没しました。この沈没で817人が死亡しました。八田技師の部下、宮地技師は九死に一生を得ましたが、八田技師ら3人は亡くなりました。

遭難の記

八田技師の部下
宮《みや》地《じ》末《すえ》彦《ひこ》

◉昭和17年5月8日

あれから36年ちょうど。今までの生涯の半ばに達し、記憶も薄れていくので、今の時点で遭難の思い出を記しておこうと思います。あれとは、太平洋戦争が始まって半年目の１９４２(昭和17)年５月８日、東シナ海での大洋丸沈没のことです。

３月にフィリピンの綿作灌漑《かんがい》の指導について軍から台湾総督府に依頼がありました。私の中学校、高等学校の大先輩であり、有名な嘉南大圳烏山頭ダムの築造責任者で、当時、総督府勅任技師であった八田與一氏と耕地課勤務の湯本技師と私と市川技手の４名が選ばれて従軍することになり、４月に軍の指示を受けるために上京しました。神戸港に上陸した日がドーリットル(米軍司令官)

写真提供・宮地聰齋氏

宮地末彦（１９０６～１９９１年）　金沢市生まれ。旧制金沢一中（現金沢泉丘高）、四高、東京帝大と八田技師と同じ道を歩み、１９３１（昭和６）年に大学卒業後、台湾総督府に就職。農業土木を専攻した技師で、嘉南平野15万ヘクタールの灌漑整備や、水を効率的に使うための輪作制度の実施に貢献した。１９４２年、八田與一技師らとともに遭難、九死に一生を得た。台湾での留用後、１９４６年12月に帰国し、旧農林省に勤務。全国各地で水利事業を担った。

による東京初空襲の4月18日でしたが、世間一般は緒戦《しょせん》の戦果に酔っていた時代であったので逼迫《ひっぱく》した空気は少しも感じられませんでした。市ヶ谷の陸軍省整備局で諸般の手続きをすませ、次の命令があるまで予防接種などをしてのんびりと10日余りを過ごしました。

◉宮島で水入らずの晩餐《ばんさん》会

「5月5日午前10時、宇品《うじな》港集合」を命じられ、4日の夜は宮島の最奥にあり、鹿が庭で遊んでいる何とかという旅館で4人水入らずの晩餐《ばんさん》会を催し、互いの無事を祈りあった。翌日、宇品で南方開発要員の技術者およそ1200名と合流し、はしけに分乗。沖に停泊していた大洋丸（1万3000トン）に乗船しましたが、下士官待遇の市川技手とは同室できず、門司でちょっと顔を合わせただけで、同君とは永遠の別れとなってしまいました。

午後2時頃、出帆。6日門司着。それまで船尾に装着してあった丸太の大砲（擬砲）をはずして、車輪付きの野砲と取り替えたのを、八田さんと一緒に「こんなもので軍は何をするつもりだろうか」とあきれて見ていた日を思い出します。

次々と集まってきた貨物船と船団を組んで、いよいよ7日の午後、出帆しました。その日は何事もなく、8日にはコレヒドール（フィリピン）陥落のニュー

この回想は、1978（昭和53）年3月に宮地末彦氏が記した「遭難の記」の大部分を「ですます」調に改めたものです。

スが入り、船内はなんとなく浮き立っていました。午後5時頃、それまで護衛していた特設砲艦が船団を離れて引き返していきました。

◉気付くと、八田技師らがいなかった

6時半、コレヒドール陥落を祝って清酒1合、赤飯付きの祝い膳につき、食事が終わってのんびり一服していると、突然、至近距離での落雷を思わす、たたきつぶすような鋭い大音響と振動に、すわと立ち上がった3人は、ひとっ飛びに船室にとって返し、救命胴衣を手にするや私を先頭に、八田さんを中にして、駆け降りてくる群衆をかき分けかき分け階段を上っているとき、2発目の魚雷が命中。船尾の方に火の手があがり真っ赤に彩られていきました。上甲板にたどり着いたとき、ボートデッキの出入り口から「艦砲射撃であぶない」と叫びながら雪崩をうって引き返してくる人の波。巻き込まれまいと出入り口の横にとっさに避難しました。気が付いてみると、そこにはあとの2人はもう見えませんでした。

手早く救命胴衣をつけ、ようやく静まった出入り口からデッキに出ると、指定のボートは満員の状態で船員が下ろしかけていました。駆け寄ると「早く乗れ」と言われるままトップの方に腰を下ろしたとたん、後部のロープが切れて

バラバラと全員が投げ落とされました。落下の途中、帽子が飛び、次いで眼鏡が外れて飛びました。青黒い海が迫って来て、そのまま海中へ。浮き上がって見回すが、40人余りの人影はあたりには見当たらず、次のボートがうまく漕《こ》ぎだしていくのが目に入りました。これを追いかけようと泳ぎ出しましたが、着衣着靴のままでも案外、楽に泳げました。二、三十分泳いだと思いますが、とにかくボートをつかまえることが出来ました。あたりはすっかり暮れて、灯《あか》りがついた大洋丸はまだ浮かんでいました。

◉大洋丸が暗い海中に消えた

ボートはつかめましたが、「待っておれ」と言うだけでだれも引き揚げてくれようとはしません。自力で揚がる以外ないと思い、つかんでいるカッター舷側の命綱をつたわって舷側にとめてある綱の基部を両手で握りましたが、身体は船の下に流れ込んで揚がれない。次に両足を命綱にかけてふんばるが、それでも揚がれない。大きな波が来るたびに身体がすっと浮き上がるのを感じ、波を待つことにして後ろを見ていると大きな波が寄せて来ました。この時と、渾身《こんしん》の力を込めて跳び上がり、ようやく乳の線まで舷側に引っかかりました。後は夢中でずり込み、カッターの底までもぐり込みました。そのとき、大洋丸は船首を垂直に立てると一瞬、暗い海中に消えていきました。

泳いでいる間にちぎれた胴衣の残りを尻に敷き、レインコートを脱いで頭からかぶって風を防いでいると、濡《ぬ》れたままながら少しずつ温まってきました。ボートに飛び込む波のしぶきが夜光虫で淡青色に光って消える怪しい美しさが今でも忘れられません。夜通し船員の艇長が叫ぶ「オールをつっぱれ」の声に励まされ、もし転覆したらボートのどこかにつかまって漂流することなどを考え続けるうちに長い長い一夜が明けてきました。

◉生涯忘れない一杯のウイスキー

9日午前10時頃、昨日、引き返していった特設砲艦が途中から救助に帰ってきてボートをつなぎ止め、縄ばしごを下ろしてくれました。先を争ってはしごに取り付き、踏み外してそのまま矢のように速く流れ去る不運な人もありました。水兵の投げ下ろしてくれた、先を輪にしたロープに片脚を入れて引き上げてもらって艦上を歩き出したとき、差し出された一杯のウイスキーには生涯忘れられない感激の味がこもっていました。翌10日、長崎に上陸しました。

後で聞いたことですが、助かったのは約300名だそうで、八田さん、湯本さん、市川君とは遂に再び会うことが出来ませんでした。

1948年頃の宮地末彦技師一家
（写真提供：宮地聰齋氏）

回想 6

夫人と娘さんが語った八田技師

台北第一高女教諭
小説家
濱《はま》田《だ》隼《はや》雄《お》

◉八田氏の眼《め》にこもる愛情

5月に亡くなった八田與一氏の弔問に行く気持ちができたのは、7月になって、葬儀の時に、広い東本願寺別院の本堂の隅から外代樹夫人やお嬢さんたちの後ろ姿をじっと眺め、2、3日して浩子さんから最後の様子を詳しく書いた手紙が届いてからのことです。

暑い夜でした。官服を来た八田氏の写真を真ん中にした仏壇は仰々しい花輪もなく質素で清潔でした。

写真を見つめながら私はまた、二度会っただけの八田氏の風貌を、黒い額縁の中から引き出しました。一度は教育会館の絵の展覧会場でした。お嬢さんたちを連れて絵を見ておられた八田氏に初対面となった私は、大柄で、眉が太く

写真提供・仙台文学館

濱田隼雄（1909〜1973） 宮城県生まれ。台北高、東北帝大卒業後、台湾で教員となり、台北第一高等女学校で八田技師の次女綾子、三女浩子を教える。当時の台湾を代表する日本人作家で、1942年『南方移民村』を出版し、43年、台湾文学賞受賞。同年に、台北師範学校教授となる。第2次大戦後は郷里の宮城県仙台市に住み、文学活動を行う。

頬骨と両顎の線が強い角張った顔に表れる意志的なたくましさにいくらか気おされた気持ちになり、挨拶《あいさつ》もそそくさととぎれました。が、綾子さん(次女)や浩子さん(三女)にものを言う時の八田氏の眼が、太い眉の下に細まってにっこりするのを横から見ていると、すっかりほっとしました。背が高く肩幅の広い身体を背広につつんだ八田氏が、一つ一つの絵をゆっくり見てゆかれる姿をただ好ましく眺めました。落ち着いた足どりが、嘉南大圳《かなんたいしゅう》の大事業をなしとげた強靱《きょうじん》な意志と、細くした眼にこもる愛情とを運んでいくのです。風格にみちたすぐれた姿でした。

二度目は結婚した綾子さんを送る停車場で、雑踏する人々の頭の上に八田氏の官帽をかぶった顔が見えました。私は茫洋《ぼうよう》として立っておられる傍らにゆき、まだ八田氏には述べていなかった結婚のお祝いを言い、それから八田氏のお話をまだ伺いに行きかねているお詫《わ》びも言いました。八田氏は唇の両端でそっと笑っておられました。

◉見せてもらった写真帳や感想録

夫人へのぎごちない私のお悔やみの言葉は、嘉南大圳の話を何一つ聞かずにおわってしまったことの後悔でした。亡くなられても大きな仕事を残してゆか

この回想は、1942(昭和17)年9月発行『文芸台湾』第4巻第6号掲載の濱田隼雄「技師八田氏についての覚書」の一部を抜粋しました。「ですます」調に現代語訳してあります。

烏山頭ダムの東側にある王爺宮の警察官吏派出所を訪問した八田技師（右端）。1922年2月23日撮影（写真：嘉南農田水利会蔵）

れた八田氏が人間として美しいということでした。

夫人は、古い写真帳や八田氏がだれに見せるともなく書かれた原稿のままの感想録を見せてくださいました。

浩子さんと交々《こもごも》話される生前の八田氏のことを時の経つのも忘れて聞いた私は、優れた技術家の精神と生活の深奥に端的にふれ、嘉南大圳建設の事業に八田氏の寄与したこととの大きさに改めて驚嘆しました。八田氏なくして嘉南大圳は完成しなかったこと、したがって世界堰堤台帳《えんていだいちょう》に「八田堰堤」と記録をとどめていることが当然なのに気付くと、私は建設の歴史を書く前に、八田氏の人間について書くべきだと決心しました。

「自分の専門外の、たとえば政治向きのことや学校のことなんかにも、時々突飛《とっぴ》なことを考え出しておもしろがっておりました。そして気が向くと、文章は決して上手ではありませんし、よく平気で誤字を書く人でしたが、机に向かってこつこつと何か書いていました。日記というものも書いたことがありませんし、別にだれに見せるというつもりも、いい考えだから書き残しておくというつもりもなく、ただ自分流儀のそうした考えを考えていることが楽しくてたまらない様子でした」

そう言って、外代樹夫人は色のあせた原稿用紙や普通の便せんにざっくばらんに書いたものを私の前に置きました。

●「なに外を通る人が見るさ」

八田氏の生まれた金沢市に近い花園村は、名の通り農家がほとんどみな花をつくって、生花や茶の風雅道の伝統濃い金沢市に切り出すと言うから、小さい時から八田氏も花をつくる術をわきまえていたのでしょう。殊《こと》に烏山頭の工事が終わって台北に移られてからは、庭も広く暇もできたせいか、黙々と熱中しきって花をつくって楽しんでおられました。

葉が少ない、花の大きいものが好きでした。グラジオラス、アマリリス、ダリアなど、白い花は不思議にうまく咲かず、黄や赤の色濃いものがよくできました。直径20センチもある真紅のダリアなどが毎年むらがって咲き誇りました。

幸町の官舎を知っている人は、垣の外にも黄色いコスモスのような花が咲き乱れていたのを美しく思い出すでしょう。家の人々には中から見えなかったが、「なに外を通る人が見るさ」と八田氏がまいた種子でした。

しかし、花畑は一昨年の秋から野菜畑になりました。「つまらんな」と言いながら、夫人やお嬢さんたちが国策を持ち出してきたのに負けた形で、それでも白菜などをまくと、熱心に草をとり肥料を入れていました。収穫ができる頃になると、ざる一杯にとってきます。使いきれずに台所の隅にしなびさせておくと、「もったいないもったいない」と珍しく怒ったりもしました。

◉子どものように純なところ

いいお父さんでした、と浩子さんが語るのです。

「大きなことばかり考えて、小さいことにはあまり気を遣わないようにみえましたが、口には出さず自分だけの気持ちを動かしていたのでしょう。父にはほんとうに優しい、子どものように純なところがありました。子どものことは母まかせでしたが、私たちはみな父に甘えていました。思い出してみますと父に叱られた覚えがありません。家で何か仕事のことでじっと考えていらっしゃる時など、私たちがどたばた騒ぐと、困ったような顔をして、大声でどなったりはしません。

烏山頭にいた頃、田舎住まいが子どもにさみしかろうと、私たちを喜ばせてくれるつもりだったのでしょう、嘉義《かぎ》の街などに出張のついでがあると、わざわざ連れて行ってくれて知り合いの家に預けて、遊ばせてくれます。遠いところに出張の時は私たちへのお土産をきっと買ってきてくれました。福州（現中国福建省の省都）にお母さんと一緒に行かれた時なんか、子ども向きのものは何もないと言いながら、みんなに櫛《くし》をもってきました。変な櫛を、とその時は思いましたが、玩具も何もないところを、櫛でもと考えてくださったお気持ちは今はよく分かります。

一番のお気に入りは綾子姉さんだったでしょう。殊に姉さんが父の好きなコーヒーを毎朝いれてくれるのが楽しみのようでした。姉さんがお嫁に行かれる時は、海南島から持ってきたコーヒーの実をわざわざ自分で煎《い》ってすり鉢でひいて缶につめ高雄まで持たせてやる父でした」

現地からの招請がもたらされたのは、綾子さんの結婚直後で、家内におめでたい気分がまだ満ち満ちている時でした。

◉あっけないお別れ

浩子さんが、八田氏の葬儀の後、私に書いてよこした手紙に、あわただしい氏の最後の出発の様子が悲しみと共につづられています。

「思いもかけずめまぐるしい変わりようにただ呆然《ぼうぜん》とするばかりです。晴れやかな姉の結婚も無事すんで、幸福につつまれたこの家に、こんなことが待ち構えていたとは、ほんとに思いもよらぬことでした。姉が高雄にまいりました折、父も最後の出張をいたし、母も一緒に南下し、十五日に帰ってまいりますと、十八日の船で上京してフィリピン島に行くようにと言ってきました。詳しいことは分かりませんが、現地からは林部隊長とフィリピン島軍政部の高原農務班長が綿花の植え付けを十月にしたいから計画を立てに来てほしい、ということだったようです。父は、今から十月の植え付けではとても間に合わぬから、水田の方でもとりあえず利用するんだな、などと申しながら、姉を送って急いで帰りました。母が疲れもみせずにする準備もそこそこに慌ただしい出発でございました。今から思うとあまりにあっけないお別れでした。台湾神社にお参りする暇もなく、海南島に参りました時にいただいたお札を、また身に付けて行きましたが、それも遺品となって帰ってまいりました。

父は、こちらからすぐ飛行機ででも行きたいなどとしきりに申しておりましたが、今度は大きな計画のもと、中央で組織される□□□（伏せ字）南方開発団と共に、内地から出発するとのことで、東京の姉の家に泊まりました時にも、今度は□□□（伏せ字）で行くのだが、まだ海上は危険らしい、などと申していたそうです。

ふだんから何かにつけて予言的な父でした。東京をたつ時には私どもに一枚ずつ葉書をくれまして、これが五月九日に着きました。皆で、お父様にしては珍しくどうしてこんな教訓めいたことを書く気になったのかしら、と笑っておりましたが、その時には父はもうこの世にはいらっしゃらなかったのです」

子どもさんたちにばかりではなかった。平生《へいぜい》手紙などめったに書かない八田氏が、あちらこちらに出発前のいそがしい時間の中で、我が死を暗示するような消息を寄せている。

◉「シドニーで暮らそうか」

浩子さんの手紙には、

「日頃からお釈迦様のお話をして下さって、独特の人生観をもっていました。何に対してもずいぶん強い信念をもって進んでいたようですから、きっとお国のためにやすらかに仏様になられたことと思います。若い者がどんどん戦地に出征して身を捧げているのに、自分のようなものは、もう一つの仕事も残したし、いつ死んでもお国のためなら本望じゃないか、と口癖のように申した父でした。

台湾での最後の仕事、大甲渓の計画も終わったし、これからは南方だ。ひとつ皆で豪州に行ってシドニーで暮らそう。牛乳もいくらでも飲めるぞ、と勇んで父は発《た》ちました。母は、お父さんのことだから今頃はもうフィリピンを越えてシドニーの空へ飛んでいらっしゃるよ、と申しております」

◉慰霊祭でほとばしる烏山頭の水

しかし、八田氏の死はやはり惜しい。私は清楚な葬儀場で、参列者の顔や弔辞の中に、八田氏を知る人々の極まりない哀惜がゆれゆれているのを今さらながらに見ました。

八田氏が精魂を打ち込んだ烏山頭の堰堤の傍らでも遙弔式《ようちょうしき》は行われました。列席した外代樹夫人の話によれば、式の最後には八田氏を弔うために送水路が開かれ、貯水池珊瑚潭の水がどっと奔騰《ほんとう》して壮観だったといいます。私はまだ見ぬその光景を心の中に浮かべました。そして、それを見つめる外代樹夫人の胸中をさまざまに思い浮かべました。

夫人はほとばしり流れる水に何を思ったことでしょうか。夫人は何も語らず、知るすべもありませんが、矢のように思いが結婚当時まで走ったのではないでしょうか。

結婚して初めて連れられてきた台北のごみごみした浮世小路、今の片倉通りの家。もっと静かなところがあるのにと言う人々に、この方が便利でいいとすましていた夫。烏山頭の現場では夜ごと倶楽部に詰めきって、麻雀するのも若い連中の心にゆとりをつくる仕事の一つと笑っていた姿。福州への出張には一緒に海を渡ろうと連れて行ってくれた。家で自分の言うことをふんふんとあっさり聞き流していると思えば、役所にいって女房があゝ言うこう言うと細大漏らさず言ってのけて、顔を赤くさせられたこと。着物も持ち物もいいもの、いいものと選びながら、なりふり構わず大事にもしなかったこと。長い出張に出ると、筆不精なのによく手紙を書いた。日記のような手紙であて字や誤字が平気だった……。

そういう思いが、放水路からほとばしる水のように、外代樹夫人の胸をすばやく流れたのではなかったでしょうか。

そしてまた、夫の遺業をつがせるべき小さい子どもさんたちに思いをやり、のこされた妻の責任を思いながら、逝くことのはやかりし、と哀惜はひとしお深かったでしょう。

しかも夫人はいたずらに嘆きはしませんでした。夫の命はいまなお生きている、奔流《ほんりゅう》する水に、草むらにかこまれた丘の上の銅像に、そしてすくすくとのびる子どもたちの中に……と思えば、夫人はむしろ亡き人が与えた誇りと勇気とを敢然と守りつづける幸福にふるえたでしょう。

毅然として、身も心も崩さない夫人の前を、八田氏が貯《たくわ》えた水が、どうどうと流れつづける。15万ヘクタールの大地にしみいる水が、青い空と白い夏雲を映してこんこんと遠く流れてゆく……

烏山頭の遙弔式は毎年5月8日に送水路を開いて行われるはずです。

資料

釈迦《しゃか》を語った八田技師

八田技師の三女である浩子《ひろこ》が、亡くなった父親について「日頃からお釈迦様のお話をして下さって、独特の人生観をもっていました」と語っていたことが、1942(昭和17)年8月に濱田隼雄《はまだはやお》が書いた「技師八田氏についての覚え書き」に掲載されています。八田技師の部下たちの回想にはそうしたことがまったく出てこないので、八田技師はごく身近な人にだけ仏教の話をしていたのかもしれません。そんな相手の一人に伊《い》東平盛《とうへいもり》がいました。幼なじみで旧制中学まで同じ学校に通った旧友平盛の日記には、しばしば八田技師が登場し、また、平盛に宛てた手紙が9通、平盛の孫である伊東平隆《ひらたか》氏の手元に残っています。また近年、八田技師が台北のロータリークラブに入会した時のスピーチが見つかりました。伊東平隆氏の考察を紹介し、八田技師の内面を考えてみます。

1926年　八田技師の言葉

嘉南大圳《かなんたいしゅう》の工事が始まって6年目の1926(大正15)年3月、與一が帰国した際に語った言葉が、伊東平盛の日記に残されています。

3月5日、與一の母さとが亡くなりました。與一は台湾から駆けつけ、臨終に間に合いました。その夜が通夜で、翌6日葬式、7日に中陰並びに灰葬を行いました。9日には八田家の返礼として親戚や近隣を回りました。平盛はこのすべてに與一に同道し、與一は10日に平盛を訪ね一泊して語り明かしました。

3月10日の平盛日記に與一が語った言葉を記してあるので、原文を現代語に訳し写真とともに載せます。

華厳経《けごんきょう》が釈迦の思想を表す

文章は2段に分かれていて、前段では事業を進めていく際に必要な信念について語っています。ここでは

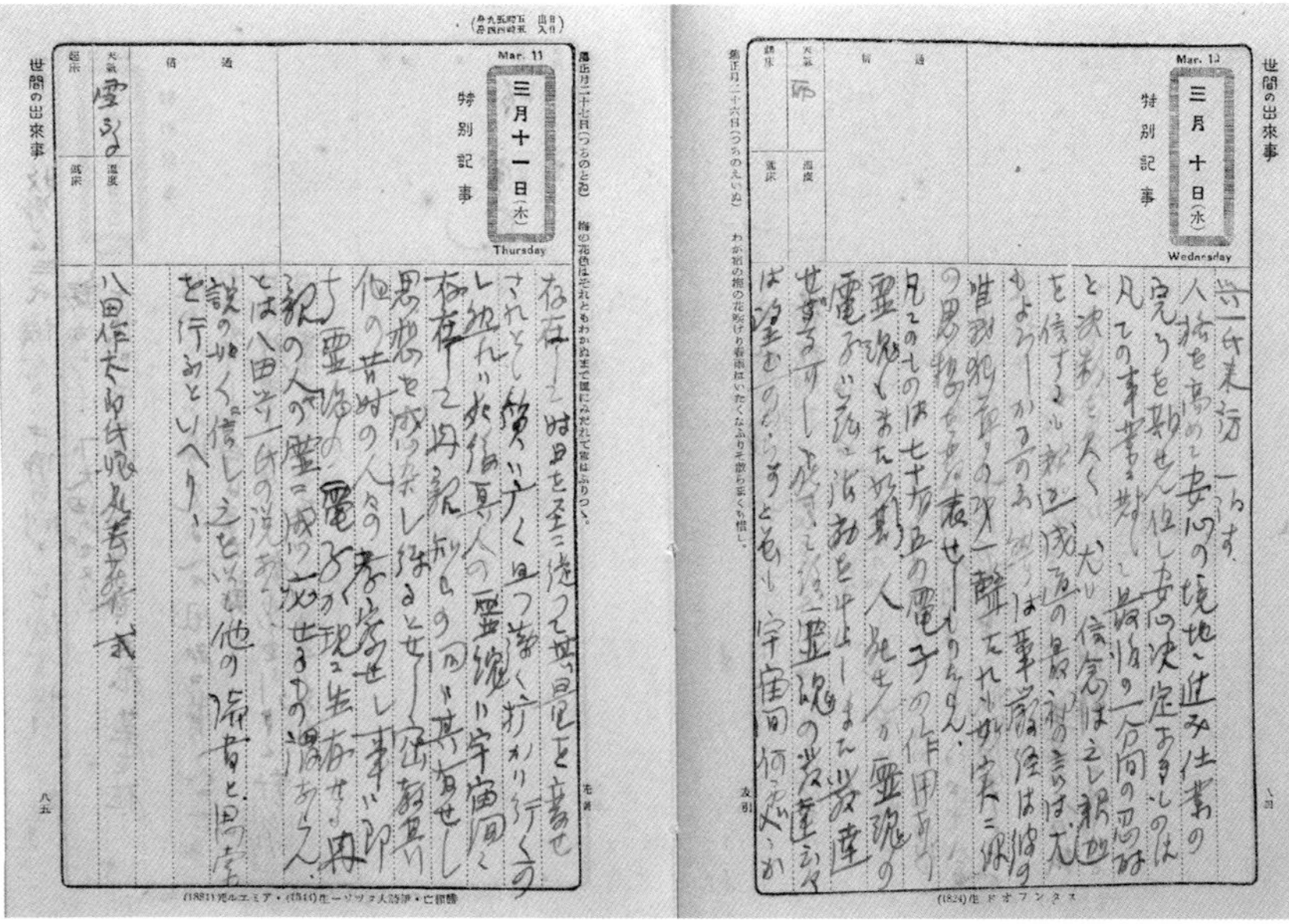

伊東平盛日記　大正15年3月10日（伊東平隆氏蔵）

伊東平盛日記　大正15年3月10日【現代語訳】

與一氏が来訪し一泊する。

人格を高めて安心《あんじん》の境地に進み、事業の完了を期したい。

ただし安心決定《あんじんけつじょう》がない者は、すべての事業に対して最後の一分間の忍耐と決彩《（ママ）》を欠く。信念としては釈迦を信じているが、中でも釈迦成道の最初の言葉は最もよろしというべきだ。だとすれば華厳経は釈迦の唯我独尊《ゆいがどくそん》の第一声であるが、これは如実《にょじつ》に彼の思想を発表したものだろう。

すべてのものは七十有五の電子の作用である。霊魂もまた同じだ。人が死ぬと霊魂の電子はそこで活動を中止し、また業達もしないだろう。死んだ後、霊魂の業達云々《うんぬん》は望むべくもないが、宇宙の間のどこかに存在して、時日を経るに従ってその量を変えられるけれども、質は広くかつ薄く広がり行くだろう。そうすると死後、その人の霊魂は宇宙間に存在して、肉親、知人の間にそれがもっている思想を感染できる。密教その他の昔時の人々が考察した事は、すなわち霊魂の電子が現に生存する肉親の人々の霊に感応するということであるとは八田與一氏の説である。説のように信じ、これを以《も》って他の論書と愚策を行うと言いました。

仏教の言葉がいくつも出てきて、與一が仏教に高い関心を持っていたことが分かります。安心決定《あんじんけつじょう》とは阿弥陀仏の誓いを信じて、少しの疑いもなくなること。転じて、信念を得て心が定まることです。

與一は事業を完成させるためには、リーダーが信念を持ち、これを貫くことが肝要であると言っています。そして自分の信念の基本は仏教であるが、中でも華厳経が、唯我独尊の釈尊の第一声であるから重要であると言っているのです。

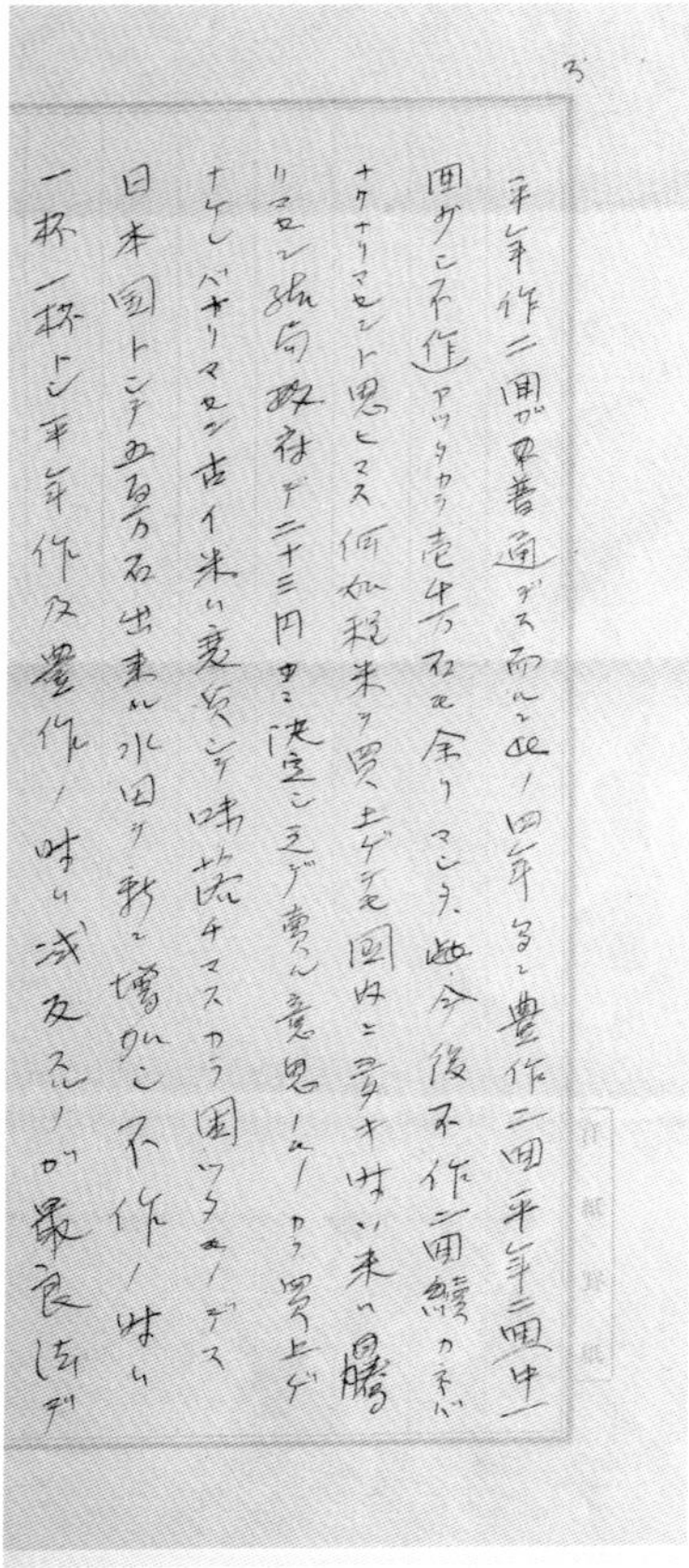

昭和7年　八田與一の伊東平盛宛ての手紙　3枚目（伊東平隆氏蔵、以下同）

霊魂の働きを科学用語で説明

後段では死生観を科学技術者の観点で語っています。「すべてのものは七十有五の電子の作用である」の電子は原子というべきであり、平盛の聞き違いではないでしょうか。物質はすべて原子でできており、現在では90種類の原子が天然に存在すると分かっています。

與一はすべての物質は原子でできており、霊魂もしかりであると言います。だから人が死んでしまうとその霊魂もそれを構成していた原子に返って、広く薄く宇宙空間に拡散してしまう。しかし、それは厳に存在していて、残されている人々に働きかけ、その果たし得なかったことを継続させようとする。昔から密教で霊魂の働きかけを説いていたが、これは、実は原子の作用であったのだと平盛に話しました。

與一は人々の心の中にある霊魂の働きを、科学の言葉で説明しているのです。

1932年頃　與一からの手紙

次は１９３２（昭和７）年頃、與一から平盛へ送られた手紙です。この

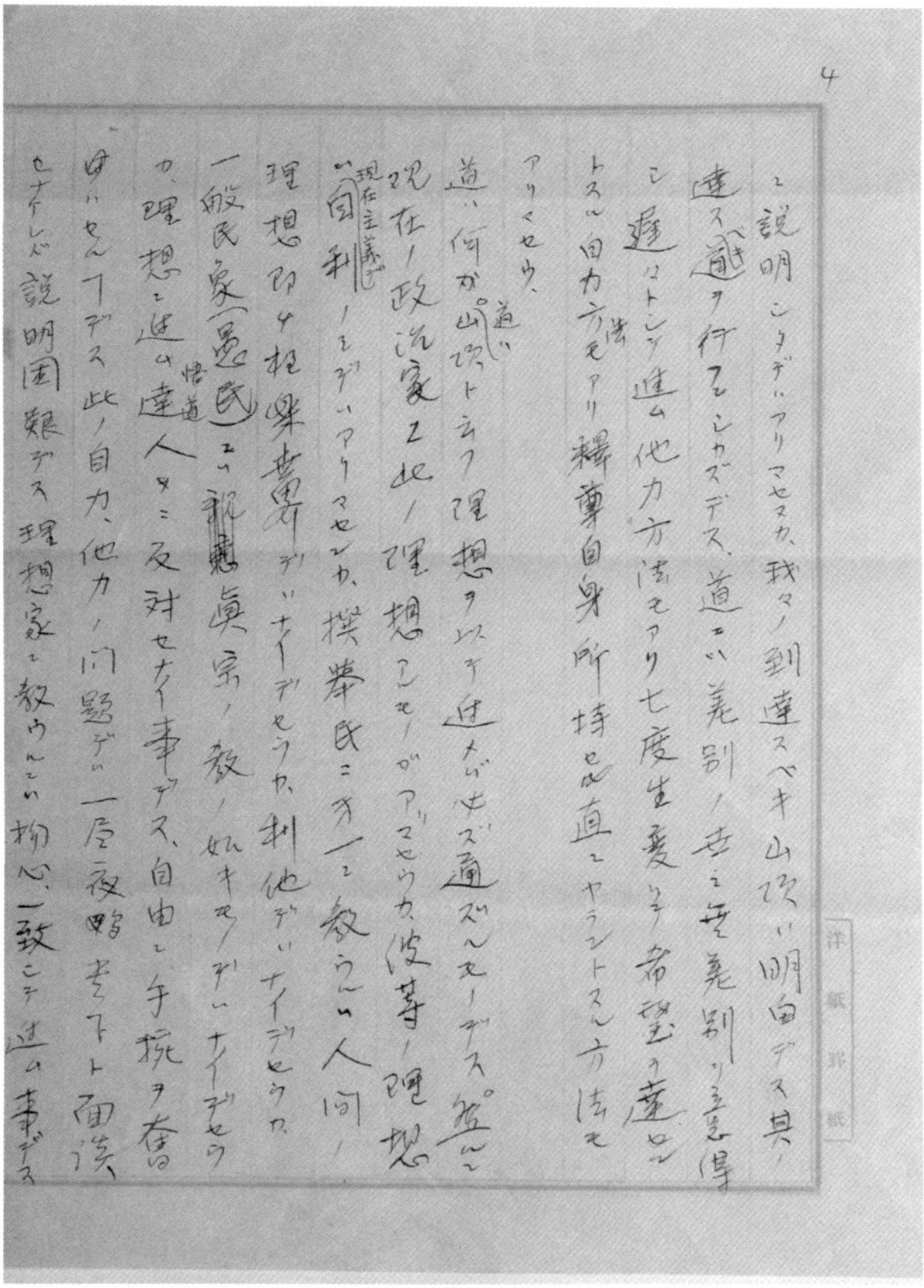

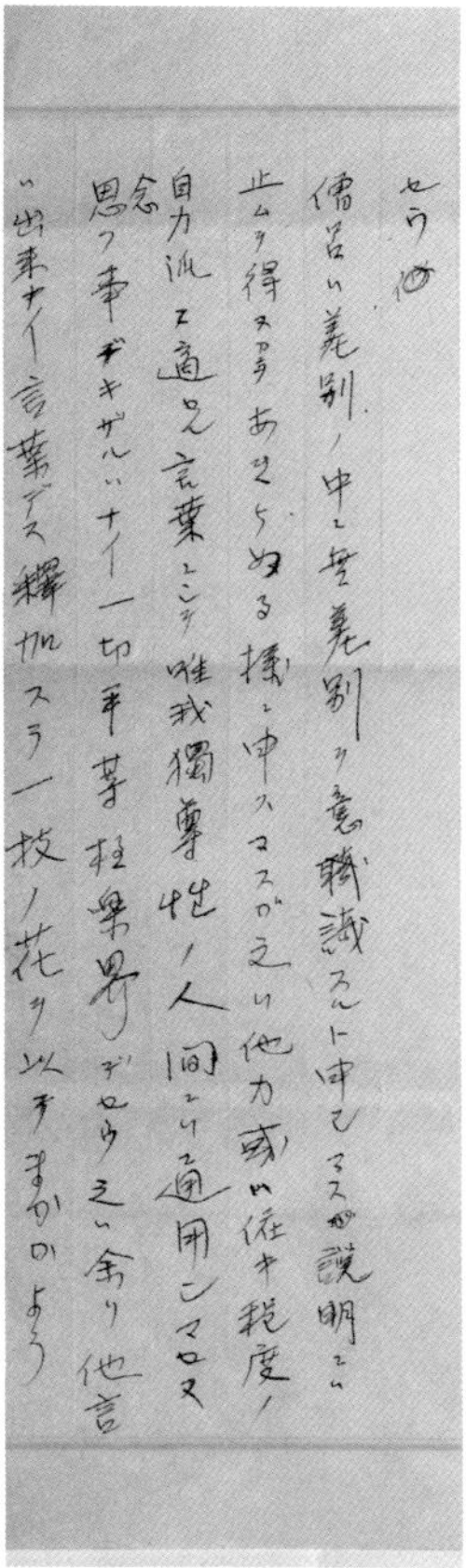

同　4枚目

手紙では信念の内容が語られています。1930（昭和5）年に嘉南大圳の工事が竣工し、與一は台北に移って総督府に勤務していました。家族とともに比較的平穏な日々を過ごしていたと思われます。

手紙は便せんに5枚で、冒頭「米も酒も日本人はその味を食し、成分すなわち澱粉《でんぷん》やアルコールに重きを置いていません」という文から始まり、米価の高さなどの話題に移りますが、手紙の2枚目が欠損しているので、脈絡がよく分かりません。

3枚目の中ほどを過ぎたあたりから、ここでのテーマである仏教の話に移ります。

一切平等極楽世界が理想

與一は差別のない、一切平等極楽世界が理想であると言っています。

これを現実の世界で達成していきたいと考えていたようです。リーダーは利他の精神で民衆を導き、民衆はこのようなリーダーの邪魔をせず手腕を発揮させるべきであると言います。

この手紙でも仏教の言葉が多く使われています。１９２６（大正15）年の與一の言葉にある華厳経とは、このようなことを言いたかったのかもしれません。

社会主義について好意的な記述もあります。ロシア革命は嘉南大圳工事着工以前の１９１７（大正６）年に起きました。與一が現世で平等世界を実現したいと考えたことに、社会主義が登場してきた影響があったのかもしれません。社会主義の大きな矛盾が露呈するのはかなり後のことです。しかし、この手紙を読むかぎり、與一はあくまで釈迦の教えを信条として民衆の生活向上を実現しようとしていたと言えます。

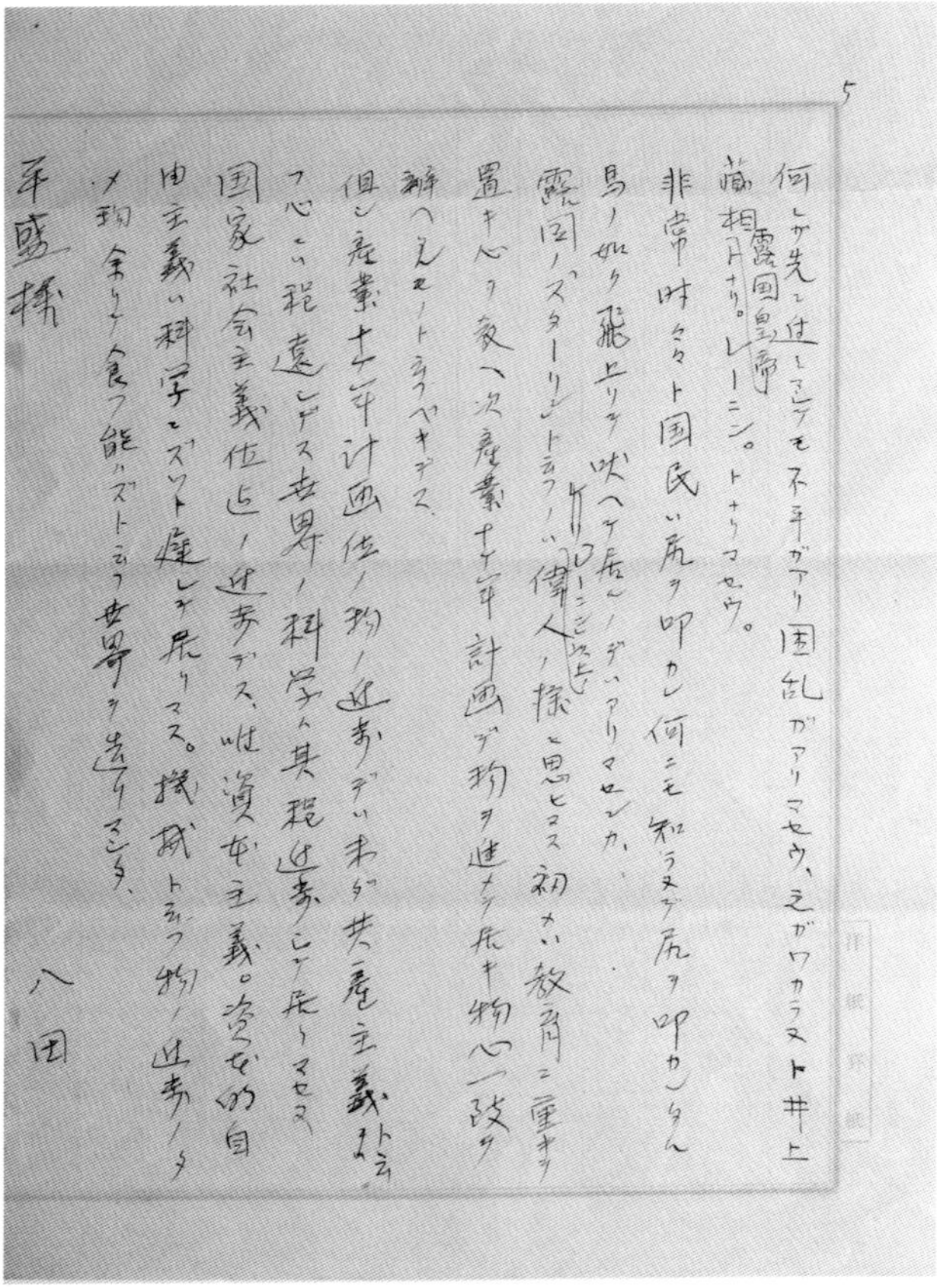
何レカ先ニ仕レマシテモ不平ガアリ国乱ガアリマセウ、之ガワカラヌト井上
商相月ナリ。レーニン。トナリマセウ。
非常時々々ト国民ハ尻ヲ叩カレ何ニモ知ラヌデ尻ヲ叩カレタらん
馬ノ如ク飛ビ上リテ吠ヘテ居ルノデハアリマセンカ。
露国ノスターリントヨフノハ偉人ノ様ニ思ヒマス初メハ教育ニ重キヲ
置キ心ヲ養ヘ次産業十ケ年計画デ物ヲ進メテ居キ物心一致ヲ
称ヘスモノトヨウベキデス、
但シ産業十ケ年計画位ノ物ノ進歩デハ未ダ共産主義社会
ノ心ニハ程遠シデス世界ノ科学ハ其程進歩シテ居リマセヌ
国家社会主義位ノ進歩デス、唯資本主義ハ資本的自
由主義ハ科学ニズット遅レテ居リマス。機械トヨフ物ノ進歩ノタ
メ物余リテ食フ能ハズトヨフ世界ヲ造リマシタ、
八田

同　5枚目

ロータリークラブでのあいさつ

與一は先の手紙を出した１９３２（昭和７）年にロータリークラブに加入し、入会のあいさつをしました。

昭和7年頃　八田與一の伊東平盛宛て手紙【現代語訳】

（前略）僧侶は差別の中に無差別を意識すると申しますが、説明には止《や》むを得ぬからあきらめるよう申しますが、之は他力あるいは□き程度の自力派に適する言葉であって唯我独尊性の人間には通用しません。思（念）うことで出来ないものはない。一切平等極楽界でしょう。これはあまり他言はできない言葉です。釈迦すら一枝の花でまかかよう（摩訶迦葉）に説明したではありませんか。我々の到達すべき山頂は明白です。その達すべき道を行くのが一番です。道には差別の世の無差別を意得し遅々として進む他力方法もあり、七度生まれ変わって希望を達しようとする自力方法もあり、釈尊自身所持せる直にやろうとする方法もありましょう。

道は何か。道は山頂という理想を以《も》って進めば必ず通ずるものです。しかるに現在の政治家にこの理想あるものがあるでしょうか。彼らの理想は現在主義で自利のみではありませんか。選挙民に第一に教えること人間の理想すなわち極楽世界ではないでしょうか。利他ではないでしょうか。一般民衆（愚民）には真宗の教えのようなものではないでしょうか。理想に進む悟道達人に反対しないことです。自由に手腕を奮わせることです。この自力他力の問題では一度夜間、貴下と面談しなければ説明困難です。理想家に教えるには物心一致して進むことです。いずれが先に進みましても不平があり困乱《（混）》がありましょう。これがわからぬと井上蔵相、露国皇帝となり、レーニンとなりましょう。

非常時非常時と国民は尻を叩かれ、何にも知らないで尻を叩かれた馬のように飛び上がって吠《ほ》えているのではありませんか。

露国の「スターリン」というのはレーニン以上の偉人のように思います。初めは教育に重きを置き、心を変え、次に産業十ケ年計画で物を進めておき、物心一致を弁《わきま》えておるものというべきです。

ただし産業十ケ年計画ぐらいの物の進歩では未《ま》だ共産主義という心には程遠《ほど》しです。世界の科学はそれ程進歩しておりません。国家社会主義ぐらいまでの進歩です。ただ資本主義、資本的自由主義は科学にずっと遅れております。機械という物の進歩のため物余りで食う能《あた》わずという世界を造りました。

平盛様　　　　八田

その時のあいさつの内容が残っています。台湾在住の文筆家片倉佳史《かたくらよしふみ》氏が発見し、非常に貴重なものと思われます。片倉氏に感謝し、ここに紹介します。

社会の繁栄を図る「自利利他《じりりた》」

與一は、失敗すれば大災害を起こすかもしれない大工事を大きな責任を感じながらよく研究し、人生の問題にまで立ち入ったと述べていいます。そして、他人すなわち社会の繁栄を図ることが仏教でいう「自利利他」のことだと分かり、ロータリークラブの精神がそこにあるように考え入会したとあいさつしました。

八田技師の「民衆のため」「社会のため」という言葉は、技師の母校である東京帝大の土木教室にあった当時の土木工学に対する考え方に共通するものなのでしょう。広井勇《ひろいいさみ》教授が亡くなった時、親友の内村鑑三《うちむらかんぞう》は広井の仕事を「キリスト教的紳士の工学」と称《たた》えましたが、八田技師は「仏教的紳士の工学」を胸に抱いていたのかもしれません。

ロータリークラブでの八田與一氏あいさつ

1932年1月12日

私は本夕入会して間もなく非常に愉快な家族会に列席し得ましたことを喜んで居《お》りました。私はこれ迄《まで》嘉南大圳の計画をしまして、烏山頭で堰堤《えんてい》工事に従事して居りました。土木工事でやり損った場合には貯水池の決壊程《ほど》災害の大なるものはありません。斯《か》かる大責任を負わされたものは非常に研究し、且《か》つ考えて、結局人生の問題に迄も立ち入りました。

人間は何の為《ため》に生まれたか、何を為《な》すべきか、動物は子孫の繁殖のため生まれるが、併《しか》し人間は夫婦より創り、而《しか》も子孫の繁栄を計るには他人即《すなわ》ち社会の繁栄を計らねばなりません。私は真宗の家庭で育ったが、仏教で云う自利利他は此《こ》のことである事がわかったように思います。

自利、利他がわかり、差別無差別が真実わかった人が仏であると信ずるようになりました。私は未《ま》だロータリー倶楽部の目的は充分わからないが色々な話を承り、ロータリーの精神が自利利他にあるように考えさせられまして、入会させていただきました。

5　1942−1946年

與一像と夫妻の墓

金沢ふるさと偉人館に常設されている八田與一の展示コーナー。写真や遺品、自筆ノート(複製)などがある

烏山頭《うさんとう》で嘉南大圳《かなんたいしゅう》組合の葬儀

魚雷攻撃を受けた大洋丸が１９４２（昭和17）年５月８日に沈没してから１カ月以上たった６月10日、八田與一技師の遺体が、山口県萩市の漁船に発見されました。萩市で火葬された遺骨は、総督府から派遣されていた白木原民次《しらきはらたみじ》技師によって台湾へ持ち帰られました。

外代樹《とよき》夫人は、５月13日に八田技師が遭難したらしいという知らせを受け、17日には総督府から正式に死亡報告が伝えられました。６月21日に遺骨が届き、７月初頭に台北の東本願寺別院で八田家の葬儀が、同月16日には総督府で台湾総督府葬が営まれました。

さらにダムのある烏山頭でも、外代樹夫人を招いて嘉南大圳組合葬が行われました。この時はかつて嘉南大圳の通水式で行われたように、送水口６門が全開され、ダムの水を一斉に放出して、ダム関係者や嘉南平野の農民たちが八田技師の遺業をしのび、その死を悲しんだのでした。

夫人が「水明り《みずあか》」を出版

１９４３（昭和18）年５月８日、外代樹夫人は八田技師の一周忌に合わせて『水明り（故八田與一追偲録《ついしろく》）』を刊行しました。遺影や略歴のほか遺筆として42（昭和17）年４月23日から大洋丸乗船前日の５月４日までに八田技師が出した手紙の数々、40（昭和15）年の海南島調査の際に外代樹夫人宛てに送られた８通の手紙が巻頭に収録され、八田技師の家族への思いやりや仕事への取り組み方など、その人柄を偲《しの》ばせるものとなっていました。追悼文や技師を偲ぶ座談会も載っています。

１９４４（昭和19）年になると、太平洋戦争の戦局は次第に日本に不利となり、同年10月に台北がはじめて米軍機の空襲を受けました。この頃、外代樹夫人と暮らしていたのは三女浩子《ひろこ》、五女玲子《れいこ》、六女成子《しげこ》の3人でしたが、45（昭和20）年4月に空襲を避け、家族はかつて住んでいた烏山頭に疎開《そかい》しました。

起工式から25年後の日に

烏山頭時代に住んでいた宿舎は、そのまま残っており、「クラブ」と呼ばれていました。付近の住民は八田技師への恩を胸に抱く人ばかりで、工事が盛んに行われていた頃の活気こそありませんでしたが、平穏な田舎暮らしが始まりました。嘉南平野に水をもたらし続けているダムや導水路は、全精力を傾けて工事を進めた八田技師の姿を思い起こさせてくれたでしょう。そうした中で、外代樹夫人の心に、夫が造ったこのダムで自分の人生を終えたいという強い思いが芽生えたのかもしれません。

1945年8月15日、日本の敗戦が国民に知らされました。その後の行く末が見通せなくなる中で、外代樹夫人は遺書をしたため始めました。8月31日、台北高校生で学徒動員のため家を離れていた次男の泰雄《やすお》が烏山頭に帰ってきました。久しぶりに息子の顔を見た外代樹夫人は、翌9月1日の早朝、「兄弟姉妹仲良く暮らして下さい」と記した便せんを机の上に残し、どうどうと水が流れる烏山頭ダム放水門の下に身を投げました。八田技師が夢を実現した嘉南大圳の起工式が行われた1920（大正9）年9月1日からちょうど25年後のことでした。

ダム湖を見つめる銅像

毎年5月8日に烏山頭ダムで行われる八田與一技師の墓前祭は、ダム湖のほとりにある技師の銅像前で営まれます。この銅像は1931（昭和6）年7月31日に除幕式が行われたもので、工事完成後に八田技師との別れを惜しんだダム工事関係者によって建立されました。現在は台座に乗せられていますが、建立当時は直接、地面に置かれ、考え事をする技師がほんとうにそこに座っているように見えました。

銅像を作って八田技師に贈呈したいと言われた技師本人は、最初はみんなの気持ちに感謝しながらも固く断ったといいます。しかし、どうしてもと頼まれたので、偉人らしい胸像や立像はやめてほしい、作業服に地下足袋《じかたび》、ゲートル姿の普段の自分なら構わないと了承したので、風変わりな銅像になったといわれています。

戦時下の混乱や戦後の中華民国政府による統治が始まり、日本統治時代の記念物が次々に取り壊される中で、銅像は嘉南の人々によって守り通されました。１９８１（昭和56）年1月1日、再設置され、戦前につくられた日本人の銅像としては唯一、今日まで

烏山頭ダムのほとりにある丘からダム湖を見下ろしている八田與一技師の銅像（都賀田勇馬作）。写真右奥にあるのは八田與一、外代樹夫妻の墓

残っています。

134人の名を刻む殉工碑《じゅんこうひ》

八田技師の銅像からほど近いところに殉工碑が立っています。嘉南大圳完成を目前にした1930（昭和5）年3月に、工事関係者の絆を残すために設立された「烏山頭交友会」が建立したものです。会長の八田技師による碑文が刻まれ、工事期間中に死亡した日本人と台湾人の組合従業員やその家族合わせて134人の名前が亡くなった順に彫られています。家族を含めた従業員全員を大きな家族のように大切にした八田技師らしい慰霊碑です。

赤堀技師が夫妻の墓を建立

八田技師の銅像のすぐ後ろに八田與一、外代樹夫妻の墓があります。この墓は1946（昭和21）年12月15日に建立された御影石《みかげいし》製の日本式の墓です。敗戦後、中華民国の台湾省行政府が嘉南大圳の運営を続けるために留用した日本人で、4代目の烏山頭所長であった赤堀信一《あかぼりのぶいち》技師らが相談して建てました。

中華民国の統治時代だったので、墓には中華民国の年号が彫られ、設置者名も台湾省行政府に接収された時に付けられた嘉南農田水利協会の名にするなどの配慮がなされました。この墓も八田技師の銅像とともに嘉南の人々に守られてきたのです。

嘉南大圳工事期間中の物故者134人の名を刻んだ殉工碑

「父の机」で遺書を書いた母

八田技師の五女
佐藤《さとう》玲子《れいこ》

◎母と姉、妹で疎開

台湾の台北から烏山頭に疎開したのは、終戦間近の昭和20年4月でした。母の外代樹《とよき》と、5歳上の姉浩子《ひろこ》に私、そして2つ下の妹成子《しげこ》の合わせて4人が行きました。烏山頭を離れた時、私は1歳にもなっていなかったので、何も覚えていませんでした。しかし、母にすれば、約10年間、父と幸せに過ごした懐かしい場所だったのでしょうね。

疎開先の家は、私たち家族が台北に引っ越すまで使っていた家でした。私たちが台北に行った後も、後任の所長さんらが入ることなく、日本や台北などからお客さんがお見えになった時の宿泊場所などとして使われていたらしく、地元の人たちは「クラブ」と呼んでいました。

佐藤玲子　1929（昭和4）年、八田與一と外代樹夫婦の五女として、台湾の烏山頭で生まれる。12歳で與一を、そして15歳で外代樹をそれぞれ亡くす。17歳の時、長兄の晃夫が名古屋に来るよう求めた手紙にこたえて、台湾から引き揚げる。会社勤めを経て、烏山頭や台北での知り合いである佐藤寛と結婚する。現在、東京都杉並区在住。

◉「戦争に負けたら飛び込む」

父が書斎に使っていた部屋には、父の大きな机がそのまま残っており、母は毎日、その思い出深い机に向かって何かを書いていました。母は達筆で、台北にいた時もよく、手紙などを書いていました。

烏山頭でも、実家や知り合いなどへ手紙でも書いているのだろうと思っていましたが、そうした手紙が遺書だと分かるのは、母が亡くなってからです。

ただ、母は烏山頭に疎開して間もないころ、ダムを見ながら、「日本が戦争に負けたら、私はここに飛び込んで死ぬわ」と、何度も話していました。聞いた時は冗談だと思っていましたが、何日もかけて、遺書を書いたことを考え合わせると、母の死は発作的なものではなく、覚悟してのことだと思います。

◉次兄が戻った翌日に

母の姿が見えなくなったのは、昭和20年9月1日です。その前日、学徒動員に出ていた2歳上の兄泰雄《やすお》が終戦で戻ってきて、母と私、そして妹の4人で、無事の帰還を喜び合った直後でした。

既に結婚していた姉の浩子は、ご主人が除隊となったので、台北に迎えに行っており、留守でした。

兄が帰ってきた翌朝、起きると、母の姿が見えず、皆で烏山頭一帯を探し回りました。そのうち、ダムのそばに、脱ぎ置いた母の草履《ぞうり》が見つかりました。烏山頭の人たちが総出で母を探しました。

書斎の父の机の上には、遺書が何通も置かれていました。この時、初めて、母が机に向かっていたのは遺書を書くためだったことが分かりました。私や妹の成子あての遺書もありました。

母はなかなか見つかりませんでした。姿が見えなくなった翌日は烏山頭を台風が直撃したため、捜索が出来ず、翌々日になって、ようやくダムの放水路の堰《せき》に遺体が引っかかっているのが見つかりました。

◉母の死に顔は見られず

遺体発見の連絡を受けて、兄が現場に走りまし

外代樹夫人が身を投げた烏山頭ダムの送水出口付近。写真は完成当時の様子
（写真：嘉南農田水利会蔵）

た。私と妹が泣きながら、その後を追ったのですが、兄が「来るな、来るな」と何度も叫んだので、母の遺体は結局、見ることができませんでした。放水路にはいくつも堰があり、母はあちこちにぶつかったのか、顔はかなり傷《いた》んでいたそうです。

母の遺体は、近くの原っぱに枯れ木を積み上げて、荼毘《だび》に付しました。その時も母の顔は見られませんでしたが、お骨拾《ひろ》いはさせてもらいました。

◉烏山頭から分骨の申し出

母の死後、しばらくして、私たちは母の遺骨を持って、台北に戻りました。その後を追うようにして、烏山頭の方が「ダムの近くに、お母さんのお墓を建てるので、分骨してほしい」と、お願いに来ました。烏山頭は母にとっても、父との幸せな思い出の地であり、烏山頭の人たちの申し出を受けることにしました。

残りの遺骨はいったん、金沢にある八田家の菩提寺《ぼだいじ》にお預けしました。しかし、その後、愛知県庁に勤めていた長兄の晃夫《てるお》が「愛知に永住する」と言って、お墓を建てたので、金沢から父母の遺骨を引き取り、納骨しました。そのお墓には今、父母と晃夫、そして、3つ上の姉で四女の嘉子《よしこ》が一緒に入っています。

◉娘のピアノ伴奏で歌を披露

娘の目から見ても、生前の母は8人も子どもを産んだわりには、きれいな人でした。ちょっと太っていてね。かわいい人でした。

歌が好きで、台北に住んでいたころは庭でよく歌を歌っていました。住んでいた官舎は隣が学校で、庭も広かったので、大きな声で歌っても、近所から文句が出なかったようです。

きれいな声をしており、時々、「からたちの花」を姉のピアノの伴奏で歌っていました。私も結婚してからコーラスグループに参加して、いろんな発表会に出させていただきましたが、これは母親譲《ゆず》りかなと思っています。

百人一首も好きでした。上の句も下の句もすべて覚えていました。それを朗々《ろうろう》とした声で詠《よ》むので、子ども心にも、「うちのお母さんはすごい」と思ったのを覚えています。

◉家庭のことは母に任せる

父は家に帰ると、一切、仕事の話はしませんでした。しかし、帰宅自体が遅く、書斎に閉じこもって、図面とか書いていることが多かったように記憶しています。

ただ、休みの日などには、よく一家10人そろって、台北市内の中華料理店に出かけました。一家全員がそろうことが大事だったらしく、誰かがわがままを言って、「私は行かない」なんて言うと、「じゃ、食事はやめだ」と、怒り出しました。子どもからすれば、滅多《めった》に怒らない父だけに、怖《こわ》かったですね。

子どものしつけなど家庭のことはすべて母に任せていました。そのせいか、母はしつけには厳しかったと思います。私が女学校に入るための個人面接の後、廊下を胸の受験番号札を触《さわ》りながら歩いていると、控室にいた母が「ふらふらと歩いてはいけません。真っ直ぐ歩きなさい」と怒られたことを覚えています。

◉壁に残る父の癇癪《かんしゃく》の跡

そんな母も時々、不満がたまるのか、食事中の父に愚痴《ぐち》をこぼしていました。「子どもたちが言うことを聞かない」とか、そういう話もあったかもしれません。

父は初めのうちこそ、黙って聞いているのですが、母の文句が長々と続くと、突如、怒り出して、手にしていたお茶碗を壁に投げつけるのです。うちの食堂の壁は父が投げた茶碗でしみだらけになっていたので、父が癇癪を起こして茶碗を投げた回数は2度や3度では済まないと思います。

でも、母や子どもたちに手を上げることはありませんでした。兄たちはどうだったか知りませんが、私ら姉妹は父に叱《しか》られた記憶がありません。私たちには本当に優しい父でした。母も行儀には厳しかったものの、たたかれたことはありません。

◉父の死後、急にやつれる

戦争が始まったころは、出征兵士の見送りなどを行っていた国防婦人会の副会長を引き受け、元気な母でしたが、父が亡くなってからは急にやつれました。何しろ、それまで子育て以外はすべて父に任せっきりだったのが、父の死で、

2011年5月、台湾・台南市の八田與一記念公園に復元された宿舎を見学した佐藤玲子さん（右から3人目）と八田成子さん（右端）

住んでいた官舎を出なくてはならなくなり、新しい家を探したり、父の持っていた株券の整理とか、やらなくてはいけないことが一度に押し寄せてきたのですから。

嘉南大圳《かなんたいしゅう》の建設時に、父の下でたくさん工事を請け負った大倉組（現大成建設）の現地責任者で、父が亡くなった時、台北にいた藤江さんという方に、母がよく電話で相談していたのを覚えています。その藤江さんは新しく住む家を見つけてくれるなど、大変、親身になって、面倒をみてくれたのですが、母も慣れないことばかりで、気苦労が絶えなかったのだと思います。

◉実家の父が亡くなり金沢へ

ただ、父が亡くなって、しばらくは気も張りつめていたと思います。それが一気に緩《ゆる》んだのが、昭和20年ではないでしょうか。この年、母の実家である米村家の父が亡くなり、しかも日本は戦争に負けました。

米村家の葬儀のため、母は妹の成子を連れて、金沢に里帰りしました。その時に、実家の兄嫁との間でトラブルがあったそうです。

妹の成子が「生意気だ」とか何とか言って、兄嫁の子どもの頭をコツンとやったというのです。それを兄嫁が咎《とが》めて小言《こごと》を言ったのでしょうか、口論になって、母は「（米村の家には）絶対にお世話になりません」と言って、台湾に戻ってきました。

◉プライドが高かった母

真偽のほどは分かりませんが、母はもともとプライドの高い人でしたから、そうしたことがあっても不思議ではありません。その時に、このあとは金沢に帰ることはできないと思ったのでしょうか。

母の死後、私と妹は長兄の晃夫がいた愛知県に身を寄せました。姉の浩子はご主人の実家がある茨城県土浦へ行きました。結局、私たち兄弟姉妹8人のうち、父母の郷里である金沢に引き揚げた人間はいませんでした。

男2人、女6人の兄弟姉妹の全員が台湾で生まれ育ちましたし、母の「（金沢の実家には）絶対にお世話になりません」という言葉が耳に残り、金沢は縁遠いところだと思ったのかもしれません。

◉嫁《とつ》ぎ先も烏山頭つながりの縁

実は、私が嫁いだ佐藤の家も烏山頭にありました。義父はダムの建設に携わり、義母は助産婦さんでした。佐藤家はダムの完成後、私たちと同じく台北に引っ越しており、私たち、兄弟姉妹全員が義母に取り上げてもらいました。

佐藤の家へは、同じ烏山頭にいた縁から、台北に移った後も時々、遊びに行ったりしていましたが、主人の寛《ひろし》とは、年が10歳も離れているため、顔を知っている程度でした。

主人は台北から東京に出て、軍隊は満洲、今の中国東北部に配属され、終戦後は4年間捕虜となりました。その後、東京に戻り、私が東京に遊びに行った時は案内してもらったりしており、結婚話が来た時は二つ返事でお受けしました。これも縁でしょうね。

その主人も亡くなり、8人いた兄弟姉妹も皆、死んでしまいました。残っているのは私1人です。私は両足こそ骨折して歩くのは困難になりましたが、そのほかはどこも悪くありません。

◉没後75年の墓前祭にぜひ参列

来年、平成29年は父が亡くなってから75年の節目になりますので、ぜひ烏山頭の墓前祭に行こうと思っています。烏山頭へは6年ほど前に行ったきり、行っていませんから。幸い、長男が「車いすを押して連れて行ってあげる」と言っているので楽しみにしています。

「覚悟を決めて」の台湾行き

八田技師長男の妻
八田《はった》綾子《あやこ》

◉いったんは「欠席」の連絡

私の主人、八田晃夫《てるお》が亡くなったのは、2006（平成18）年5月20日です。この年に台湾の烏山頭ダムで営まれた父・八田與一の墓前祭に参列し、帰国してから、わずか9日後でした。

主人はもともと、腎臓《じんぞう》が弱いうえに、大動脈瘤《りゅう》や大腸がんなど大きな病気をいくつも経験していました。亡くなる何年か前から、めっきり体が弱くなり、墓前祭に出るたびに「これが最後だ」「これが最後だ」と言っていたので、実は2006年の墓前祭の案内が届いた時、私は主人に相談せず、「体調もすぐれませんので、去年の参列でおしまいにさせていただきます」と、欠席の連絡を出していました。

八田綾子　1933（昭和8）年、台湾・嘉義で、嘉南農田水利会本部に勤務していた赤堀信一《のぶいち》の三女として生まれる。その後、赤堀が嘉南大圳烏山頭支所長に就任したのに伴い、烏山頭へ。終戦とともに、赤堀の実家がある静岡県に引き揚げ。会社勤めなどを経て、八田與一の長男晃夫と結婚。愛知県春日井市在住。

◉「俺《おれ》は台湾に行きたい」

ところが、墓前祭の日取りが近づいてくると、主人は「今年はどうするんだ」と聞いてくるのです。そこで、私が「行かないと決めたじゃない」「あなたが行かないと言えば行かないし。それより、あなたはどうなの」と答えると、「俺は行きたい」と怒鳴《どな》るのですよ。結局、「それなら、早く、そう言えばいいじゃない」と、台湾に行くことに決めました。

主人本人は台湾に行く体力があるかどうか、出発のぎりぎりまで見極めていたのでしょう。旅行中は食べたものを戻したり、日に日にげっそりとしていきました。帰りの空港では、「寒い、寒い」と言い、私が体に手を回したら、その瞬間、不思議なことに、私の体が火のように熱くなって、「お前の手は温かくて気持ちがいいなあ」という場面もありました。

◉台湾の人たちへの感謝

確かに、帰国して間もなく亡くなりましたが、主人はそれも覚悟していたのだと思います。晩年は台湾に向かうたびに、自分に言い聞かせるように話していました。「おやじが死んで、何十年もたつのに、台湾の人は毎年、毎年、おやじをお祀《まつ》りしてくれている。俺が台湾に行くのは、そうした人たちへのお礼だ。その感謝しかない」。

◉父親が4代目支所長に

実は、私も主人と同じく、台湾で生まれ育ちました。父の赤堀信一は嘉南大圳《かなんたいしゅう》烏山頭支所長を務めていました。義父の八田與一が初代で、父は4代目になります。

八田家が住んでいた住居の隣だったため、「ご主人とは幼馴染《おさななじみ》ですか」とよく聞かれますが、私たちが烏山頭に引っ越したのは昭和11年か12年で、八田家が台北へ引き揚げたのは昭和5年ですので、一緒に居た時期はありません。

私は1933(昭和8)年に台湾の嘉義《かぎ》で生まれました。嘉義は台南の北にある都市です。当時、烏山頭ダムを管理する「嘉南農田水利会」の本部が嘉義に

2006年の墓前祭に参列後、日本人学校6年の児童を前に、父・八田與一の思い出を語る晃夫さん(右端)。左は妻の綾子さん＝同年5月11日、台北市内

あり、その後、水利会が台南、そして烏山頭へと移るたびに、私たち家族も引っ越しを重ねました。

父は静岡県の旧小笠郡《おがさ》、今の東名高速道路の菊川ＩＣの近くの出身です。夜学に通って土木を勉強し、その関係から台湾総督府に籍を得ました。詳しいいきさつは分かりませんが、総督府を辞めて水利会に入ったようです。

◉総督府に戻らず水利会に

義父の八田與一は烏山頭ダムが完成後、総督府に戻りましたが、赤堀の父は台南が気に入ったらしく、そのまま水利会に勤めていました。

嘉南大圳烏山頭支所長の辞令をもらった父とともに、私たち家族も烏山頭に引っ越しました。入居した家は、八田家が使っていた家ではなく、その隣でした。八田家の家は、皆さんが台北に行った後、誰も入居せず、そのままになっていました。

ダム建設の最大の功労者である義父・八田與一の家を大事にしておきたい、という気持ちからではないでしょうか。義父が来た時や台湾内外のお客さんがお見えになった時のゲストハウスのように使っていました。地元の人たちは「クラブ」と呼んでいました。

◉念入りにゲートル巻く父

義父のことはあまり覚えていません。ただ、義父が来る日の朝は、決まって父が玄関で念入りにゲートルを巻いていたのを覚えています。何回も巻き直すなど、いつもと様子が違うので、私が「きょうはどうしたの」と聞くと、父は「八田さんが見えるんだ」と答えました。

義父はダムなどの視察に来ていたのだと思います。山や貯水池などを案内するので、きちんとゲートルを巻いていたのでしょうね。しかし、父の緊張した面持ちのせいか、子ども心に、「八田さんって、怖《こわ》い人なんだ」と思いました。しかし、義父に実際に会って話したことはなかったのではないでしょうか。

父からは「子どもは事務所に来てはいけない」「子どもが遊びに来るところではない」ときつく言われていましたから。とはいえ、時々、こっそりとは行っていたのですが、やはり「八田さんは怖い人」と思ったのか、義父が来た時は事務所に行きませんでした。

◉主人に撮ってもらった写真

主人とは烏山頭で2回ほど会っています。学校の休みを利用して、お父さんの造ったダムを見に来たのでしょうか。そうした折に、写真を撮ってもらったことがあります。5歳ぐらいだと思いますが、そのころ、私は人見知りがひどく、写真を撮られるのも嫌《きら》いだったのが、ちゃんと写してもらっていました。何か、縁があったのでしょうかね。

◉暗い表情の義母・外代樹《とよき》

義母の外代樹が烏山頭に疎開《そかい》してきたのは、終戦も間近なころでした。私は小学校6年生になっていました。まず、疎開の荷物がどんどん送られてきました。すごい量で、近所でも「たくさんの荷物だね」と話題になったほどです。

しばらくして、義母と三女の浩子《ひろこ》、五女の玲子《れいこ》、六女の成子《しげこ》の合わせて4人が来ました。お父さんが亡くなってから、何年かたっていましたが、お母さんの顔がとても暗かったのを覚えています。なぜだか分かりませんが、そばに行っちゃいけない、と子ども心に思ったくらいです。

私の妹は、義母や玲子さん、成子さんのところに遊びに行ってはお菓子をいただいたりしていました。でも、私は寄りつくことができませんでした。

私から、お母さんに声を掛けたこともありませんし、道で出会った時はあいさつをするのですが、お母さんがどんな声だったのか記憶にありません。

◉塀《へい》越しに堰堤《えんてい》見つめる

八田の家は玄関を出るとすぐに塀があって、道路に面しているのですが、お母さんは夕方ごろによく塀越しに堰堤の方を見つめていました。その姿がとても寂《さび》しそうで、誰も近づけない雰囲気でした。そうした姿を何度も見たので、よけい寄りつけなかったのだと思います。

2007(平成19)年に金沢で劇団昴《すばる》の舞台劇「台湾の大地を潤《うるお》した男」を見させていただき、その中に、義母が大変、楽しそうにしている場面がありました。劇の中とはいえ、お母さんにも楽しい時代があったのだと、ほっとしました。それぐらい、私はお母さんの悲しい顔しか覚えていません。

お母さんが亡くなった9月1日は台風が近づいていたのか、朝からざわざわとした日でした。目を覚ますと、外から、父らが「子どもは外に出すな」「女たちは来させるな」と怒鳴る、大きな声が聞こえました。

その前日、主人の弟の泰雄《やすお》さんが学徒動員から帰ってきて、皆で一緒にご飯を食べた矢先でしたから、当時は「何で泰雄さんが帰ってきた翌日に」と、心底、泰雄さんがかわいそうだと思いました。

◉「日本人だから御影石《みかげいし》で」

終戦後、ダムの近くに義父母のお墓を建てようと言ったのは、当時、烏山頭にいた赤堀の父だったと聞いています。最初は台湾に豊富にある大理石を使う話だったようですが、そうした協議の中で、父が「八田さんは日本人なのだし、日本の御影石で作ろう」と言ったそうです。

お墓の隣にある銅像をどこかから見つけてきたのも父のようです。戦争でいったん、供出されたものの、大事な八田さんの銅像だけに、戦時中はあちこちに隠していたのでしょうかね。どこで見つけたのかは結局、父から聞けずじまいでした。

私たちは1946（昭和21）年3月に日本に引き揚げましたが、父はダムや水路の扱い方の指導などのため、日本に戻ったのは1年遅れの47年でした。

◉「永住の地」から引き揚げ

父はもともと台湾へは永住するつもりで渡っており、静岡にあった土地とかすべて譲っていました。よほど烏山頭が気に入ったのか、ダムを見下ろせるような場所に土地を買っていたそうですが、戦争に負け、すべてをなくして無一文で日本に帰ってきました。

引き揚げて間もなくは、まず生きていくのに精いっぱいでした。父の実家にあった離れに住みましたが、せせらぎにセリが生えていると摘んで食べていました。祖母が「台湾の衆が歩くと、草も生えない」と笑うくらいでした。

八田家の皆さんも同じでした。一度、父が愛知県にいた主人らの様子を見に行きました。帰ってきた父に「どうだった」と聞いたものの、「どこも一緒だ」と言ったきり、それ以上は何も話してくれませんでした。主人も妹3人を抱え、食べていくのに大変だったのだと思います。

結局、父はその後、台湾に一度も行くことなく、亡くなりました。本人は行きたいと思っていたでしょうね。そして、私たちを先に帰した後、1年間いた烏山頭でのことも一切、話しませんでした。

◉ようやく出た台湾渡航許可

私が主人と一緒になって、初めて台湾へ行ったのは1974(昭和49)年だと

李登輝元総統と握手を交わす八田晃夫氏(右)＝2003年9月10日、台北県淡水の台湾総合研究院

思います。その前から、主人は何度か、勤めていた役所に台湾へ行く許可をお願いしていましたが、なかなか許しが出なかったようです。

ようやく、台湾に行くことができた時はうれしかったです。特に、烏山頭は何も変わっていませんでした。懐《なつ》かしさが心底、こみあげてきました。

◉おいしかった「父のドリアン」

赤堀の父は果物の木を植えるのが好きで、住んでいた家にはドリアンやアボガドの木を植えていました。引き揚げの年、ようやく、そのドリアンの実がなり、1度食べただけで日本に戻ったのですが、そのまま残っていました。

初めて烏山頭を訪ねた時、ちょうど、そのドリアンが実をつけていました。私たちが住んでいた家には知り合いの方がお住まいで、ドリアンをシャーベットのようにして、御馳走してくれましたが、とてもおいしかったです。

主人が亡くなった翌年、2007(平成19)年の墓前祭には、私と長男の修一《しゅういち》が参列しました。これまでも参列してきましたが、私も80歳を過ぎました。子どもたちには「私が台湾に行けるのはあと1、2回だから、そのあとはあなたたちが行ってね」と言っていますが、子どもは励ましの意味も込めているのか、「あんたは百歳まで生きるよ」と返してきています。

回想 9

唯一残る祖父の「抱《だ》っこ」の温《ぬく》もり

八田技師の初孫
深尾《ふかお》 立《かたし》

◉台湾から届く「お菓子」

祖父の八田與一が私の家に来る時は必ず、前もって台湾から、たくさんのお菓子を送ってきてくれました。戦中の物のない時代ですから、うれしくてね。お菓子が届くと、「きょう、おじいちゃんが来る」と、はしゃいでいたそうです。ただ、祖父がどんな顔をしていたのか、ほとんど記憶がありません。わずかに覚えているのは、祖父に抱っこされた感触というか、祖父の大きな体に包まれた、その温もり程度です。

◉亡くなる直前にも自宅へ

1942（昭和17）年に祖父が祖母の外代樹《とよき》に出した手紙に、「立が弟のこと

深尾立　1938（昭和13）年、深尾立雄と八田與一の長女正子の長男として北海道苫小牧で生まれる。千葉大医学部を卒業し、筑波大臨床医学系外科の講師、助教授を経て、1992（平成4）年教授就任。2002年千葉労災病院長に。現在、筑波大名誉教授、千葉労災病院名誉院長。日本移植学会理事長や日本職業・災害医学会学術大会会長などを歴任。茨城県つくば市在住。

を『赤んぼ、赤んぼ』と言っている」と書き記しているのを見たことがあります。弟の昭雄《あきお》はその年の4月に生まれ、祖父は5月に亡くなっていますから、弟が生まれてすぐに日本に来たのでしょう。「南方開発隊」の派遣直前だったかもしれません。私が4歳の時です。

祖父は毎年、台湾から日本に来ていました。母校の東京大学での講義や役所との連絡、相談が目的だったのでしょう。東京に来た時は霞が関に近い帝国ホテルに泊まっていました。

当時、私の父は旧制金沢医大、今の金沢大学医学部の講師を辞めて、板橋で開業医をしていました。祖父は講義や仕事の合間を縫って、板橋まで来てくれたんですね。私の母の正子《まさこ》は祖父の長女で、私が初めての孫だったので、かわいがってくれたのでしょう。

◉祖母とは里帰りで対面

祖母の外代樹に会った記憶はありません。母は私が生まれて間もなく台湾に里帰りしていますから、会っているはずです。ただ、母が里帰りしたのはその1回きりです。祖母は亡くなるまで何度か金沢に里帰りしていますが、私に会いに来たかどうかは分かりません。

1926（大正15）年頃の八田家。右から長男の晃夫（5歳頃）、次女の綾子（3歳頃）、與一（39歳頃）、長女の正子（6歳頃）、外代樹（24歳頃）、抱かれているのは三女の浩子

祖父がフィリピンに出発する時、父は祖父が広島行きの列車に乗る前に帝国ホテルで会食したそうですが、母は私ら子どもの世話のため、その会食には行けなかったようです。

◉記憶に残る母の悲しみ

祖父が乗った船は出航間もなく、東シナ海で米軍の潜水艦の攻撃を受けて沈没しました。祖父の遺体は山口県萩の沖合で漁船の網にかかったのですが、母から聞いた話では、首から上がなかったそうです。しかし、着ていた背広のポケットに名刺が入っていて、身元が分かりました。

祖父が死亡したという話を聞いた母が大泣きしていたのを覚えています。

その母をさらに悲しませたのが、祖母の自殺でした。1945（昭和20）年当時、私たち家族は長野県渋《しぶ》温泉に父方の曽祖父が医者をしていた頃の家があったので、そちらへ疎開していました。私が小学1年生の年で、祖母が亡くなったという知らせを受けた母親は祖父の死の時以上に泣き続けていました。

母は、祖父や祖母の後を追うようにして、私と2人の弟を残して、1949（昭和24）年に亡くなりました。私は小学校4年生でした。リウマチ性心疾患から、心臓弁膜症を起こしたのが原因です。今だと、人工弁のいいのがあるので、それに付け替えればいいのですが、あのころはそういうものもなく、助からなかったですね。

◉16代続く医者の家系

深尾の家系は長野の松代《まつしろ》藩の出で、もともとは武士でしたが、真田の殿様から「医者になれ」といわれて、道を転じました。以来、私で医者稼業16代目となります。ただ、私には医者になった子がいないため、私の代で途切れることになります。

父が母と結婚するきっかけを作ったのは、祖母の実家である金沢の米村《よねむら》家です。米村家も深尾の家と同じく、医者の家系でした。同じ医者同士という縁から、おやじが旧制四高に入る時、米村家に保証人になってもらったのが付き合いの始まりです。

おやじはしょっちゅう米村家に出入りしていました。医学部を卒業し、大学勤めをしているころなのか、米村の大伯母《おおおば》が突然、下宿に訪ねてきて、「私の姪《めい》と結婚しなさい」と言われたというのです。

米村の大伯母は大変な美人だったそうで、その美人が正装で下宿にやって来たため、おやじは一も二もなく、「はい」と返事したというのです。

◉井上靖《いのうえやすし》氏との付き合い

父は四高在学中、柔道部の主将を務め、硬派だったようですが、やはり美人には弱かったのでしょうかね。その柔道部に関連したエピソードとして、父からよく聞いたのが作家の井上靖さんとの付き合いです。

井上さんが柔道部の副将を務めていて、ある時、一緒に先輩に「根性と長時間の猛練習だけでは強くなれない。科学的な練習を考えないといけない」と主張したら、先輩たちの怒りを買って、柔道部を除名になったそうです。その後、井上さんが作家として有名になったので、除名が取り消されたという後日談を含めて、何度も話を聞かされました。

井上さんとは卒業後も仲が良く、おやじは井上さんの主治医を務め、私も世田谷の馬事公苑近くにあった井上さんのお宅に2、3度行ったことがあります。

米村の家とは、結構、仲がよくて、私が千葉大学医学部に在学していたころも金沢に行ったりして、かなり親しく行き来していました。

◉「勉強ができた」祖母の家系

米村家は皆、勉強がよくできて、祖母の外代樹は旧制石川県立第一高等女学校を首席で卒業したというし、医者の大伯父も京都大学医学部卒業でした。

その長男は四高をトップで出て、東京大学の理論物理に進んだものの、戦争に負けて、サイクロトロンだったか、最先端の設備が米軍に壊されたため、「これからは理論物理ではやっていけない」と、フランス文学に入り直したという、一風、変わった人でした。

浅利慶太《あさりけいた》さんらと劇団四季の創設にかかわったといい、映像関連会社の東北新社の立ち上げにも加わったそうです。そうした中で、「寝ながら語学が勉強できる」という機械を作って、大儲《もう》けしたり、部品の不具合から、すってんてんになったりと、波乱万丈の人生を送ったと聞いています。

米村家は勉強ができる人ぞろいだったものの、祖母と実家との折り合いはよくなかったようです。特に、祖母と大伯母は小姑《こじゅうと》、兄嫁の間柄でしょう。いろいろと、行き違いもあったのかもしれません。

祖父との結婚後のことだと思いますが、祖母は里帰り中に実家とけんかして、「二度と金沢には帰らない」と言って、結局、その後、金沢に戻ることなく、台湾で一生を終えました。

ただ、祖父と祖母は大変、仲がよかったそうです。年が離れていたため、「かわいがっていた」と表現する人もいます。たぶん、米村の大伯母か誰かが話したことでしょうが、指輪とか高価なものをたくさん買ってもらって喜んでいたといいます。

◉繰り返し祖父の偉業語った父

祖母には甘い面もある祖父でしたが、おやじは同じ四高出身の大先輩として、非常に尊敬していました。父はもともと、天才や偉人の話が大好きで、よく私や弟らに「お前たちのじいさんは台湾に世界一のダムを造った立派な人なんだ」と、繰り返し話していました。

祖父自身からも、烏山頭ダムを建設する時の苦労話を聞いていたようで、一度も実際に見たことがないのに、「これは『八田式土堰堤《どえんてい》』というんだ」と、ダムの特徴などを、自分が成し遂げた仕事のように説明していました。

もちろん、烏山頭ダムの建設は大変な苦労の積み重ねだったと思います。1920(大正9)年に着工して、間もなく関東大震災が起き、国からは「国家財政が危機に瀕《ひん》している時に、台湾に金は回せない」とも言われたそうです。

おやじは「與一じいさんはそうした苦労を乗り越え、命がけでダムを完成させたんだ」と、誇らしげに話していました。

◉盛大な慰霊祭に感激

私はこれまでに4回、烏山頭ダムへ行きました。最初に行ったのは10年ほど前です。戦後、毎年、慰霊祭をしていることは聞いていたのですが、なかなか行く機会がなくて。

慰霊祭に参列した時はビックリしました。地元の人たちが戦後、何年もたつのに、祖父母を偲《しの》んで慰霊祭をしてくださっていることに大変、感激しました。ただ、最初にダムを見学した時はあまり水がなかったこともあって、どれがダムなのか、即座には分からず、戸惑《とまど》った思いもありました。しかし、想像をはるかに超えた規模には驚きました。おやじの言葉を借りれば、「俺のじいさんはすごいことをやった」と、つくづく実感しました。

● 祖父と同じ癖を持つ

ダムのほとりに建つ祖父の銅像は右手を髪にやっていますよね。長男の晃夫おじさんもエッセーに書いていますが、あの仕草は祖父の癖だそうです。

実は、私にも同じ癖があります。何か考えごとをすると、無意識のうちに、髪の毛をひねるんです。高校時代だったか、父から「髪の毛をひねるのは、みっともないからやめろ」と、注意されたことがあります。

その時、父はふと思い出したように、「そういえば、與一さんも髪の毛をひねっていたなあ」と話していました。

晃夫おじさんの話では、ゆっくりした指の動きで髪を触っている時は機嫌のいい時、逆に、指がせわしなく動く時は機嫌の悪い時だそうですが、私の場合は、機嫌のいい時も悪い時も同じでした。

ともかく、おやじも言っていましたが、変なところが似るものです。また、顔つき自体も、私が一番、祖父に似ているといわれます。

銅像を見に行った時も、親戚の皆さんから「顔が似ているのだから、

烏山頭の墓前祭に出席した折、八田技師の像を囲んだ佐藤玲子さん（中央）と深尾立夫妻
（写真提供：深尾立氏）

同じポーズで写真を撮ろう」ということになりました。

◉臓器移植の道を選ぶ

私は祖父、八田與一が取り組んだ土木工学ではなく、深尾の家に代々続く医学の道を選びました。外科医としては異色な臓器移植の分野を選択したのは「今後、臓器が駄目になり、人から臓器をもらって、移植する研究が必要になるだろう」と考えたからです。

選んだ当時は、「臓器移植は今後の外科手術の花形になる」とも思っていました。しかし、1985（昭和60）年に筑波大学で、国内で初めて脳死患者の膵臓《すいぞう》と腎臓《じんぞう》を同時移植した時は「脳死患者を殺した」と殺人罪で告発され、移植した患者さんが手術の1年後に亡くなった際は業務上過失致死でまた告発されました。

臓器移植法ができる時も、こちらは「余命が残り少ない患者さんを助けたい」との思いだけなのに、人の生死に関する国民意識の違いのはざまで苦労しました。

現役の時には苦労が実を結ぶことの少なかった道でしたが、「人の役に立つが、人がやらないことをやる」という祖父、八田與一の志が、この道を選ばせたのかもしれません。

6 1946年～

日台交流の架け橋

金沢泉丘高で開かれた八田技師を描いたアニメーション映画「パッテンライ!!」の上映会＝2009年11月5日

墓前祭と嘉南農田水利会

１９４７（昭和22）年5月8日、八田與一技師を弔《とむら》う第1回の墓前祭が烏山頭《うさんとう》で開かれました。嘉南大圳《かなんたいしゅう》組合は、戦時中に嘉南大圳水利組合と改名し、終戦後の１９４６年２月に中華民国政府に接収されました。

この混乱期には、組合管理地域内で樹木の盗伐、施設の物品の盗難、そして勝手に水門を開けて水を引く水泥棒が頻発《ひんぱつ》しました。戦後も中華民国政府の方針によって留用された赤堀信一《あかぼりのぶいち》、中島力男《なかじまりきお》ら8人の技師たちは台湾人の職員と力を合わせ、その後、日本人技師が引き揚げた後は、台湾の職員たちが知恵を出し合って、嘉南大圳の灌漑《かんがい》と運営を正常な形へと回復していきました。

そうした時期に開かれた墓前祭は、嘉南大圳をつくった八田技師への恩を忘れず、職員や組合員が心を一つにしてこれを守り続けようと誓い合う場ともなったでしょう。墓前祭は以後、毎年行われています。

墓前祭は、今は八田與一記念公園となっているかつての宿舎の近くにある赤山龍湖巌という寺院から招いた尼僧が読経する中、参列者が順に台湾式の礼拝をするスタイルで、派手さのない厳かな儀式です。

日本人がいなくなった烏山頭で、八田技師の遺業を戦後ながらく顕彰してきたのは、嘉南平野の人々でした。そして、この墓前祭を知り、参列することで、現地の人々が八田技師を深く敬愛しつづけている姿に感銘した日本人は、日本での八田技師顕彰と八田技師を縁にした日台交流に取り組んでいきます。

戦後の八田技師顕彰の始まり

戦後の混乱が収まり、日本の経済成長が本格化する頃になると、学術や文化関係の人が台湾を訪れ、また八田技師の業績を紹介する文章が現れ始めました。
台湾生まれの実業家で作家でもある邱永漢《きゅうえいかん》氏が「台湾の恩人・八田技師」を『文藝春秋』１９５９（昭和34）年４月号に発表。62（同37）年10月には、当時、大谷大教授だった北《きた》西弘《にしひろむ》氏が台湾を訪問。嘉義《かぎ》で知り合った台湾人医師は、教授が八田技師と同郷だと知って大喜びし、技師を慕う人たちを集めて急きょ偲《しの》ぶ会がもたれました。その時のことは１９７６（昭和51）年12月19日と21日付『北國新聞』で「北陸の精神風土―八田与一さんをめぐって―」で紹介されています。

四高同窓会と「友好の会」発足

１９８９（平成元）年２月13日、「八田與一技師を偲び嘉南の人達と友好を深める会」（２００２年７月に「八田技師夫妻を慕い台湾と友好の会」に改称、以下「友好の会」と表記）が発足しました。

四高卒業生の間では、早くから先輩である八田技師とその業績が知られていました。１９８６（昭和61）年、四高百年祭に際し四高同窓会第１次墓参団が台南の墓前祭に参列し、神保龍二《じんぼりゅうじ》同窓会長の感謝状を持参しています。１９４２（昭和17）年卒の武内啓夫《たけうちひろお》氏は各方面に技師の顕彰を促す働きかけをし、同氏に応じた中川外司《なかがわとし》氏は１９８５（昭和60）年に八田一成《かずなり》氏（八田技師の長兄誠一《せいいち》の長男）らに誘われて墓前祭に参列しました。そうした中で嘉南農田水利会など台湾側と交流する組織の必要を痛感した中川氏は、同

1991年の墓前祭＝台南市

志を集めて「友好の会」を立ち上げました。

1989（平成元）年8月に、古川勝三《ふるかわかつみ》氏の『台湾を愛した日本人　土木技師八田與一の生涯』が日本で刊行されました。古川氏は台湾の高雄市で日本人学校の教諭をしている中で八田技師を知り、1983（昭和58）年に『台湾を愛した日本人』を台湾で出版し、その改訂版が出たのです。多くの調査、聞き取りなどを行い八田技師の人生を詳しく描いたこの本を通して八田技師を知る人は多く、技師の顕彰に大きな役割を果たしました。

1991（平成3）年には八田技師の地元である河原市《かわらいち》用水土地改良区（当時、長井賢誓理事長）と嘉南農田水利会が姉妹提携の関係を結び、同年には手取川七ヶ用水土地改良区も同水利会と姉妹提携の調印をしました。

八田技師記念室の開設と顕彰の広まり

1992（平成4）年ごろ、「友好の会」の中川外司世話人代表は、嘉南農田水利会の徐金錫《じょきんしゃく》会長から、烏山頭ダム排水隧道《ずいどう》を新設するとともに八田技師が建設した排水隧道や放水門、上屋などは歴史遺産として保存する意向を聞きました。中川氏はダムを訪れた人々が、八田技師の業績を理解するための「八田技師記念室」を設置したいと徐会長に申し入れ、以後、粘り強く要請を続けました。

嘉南農田水利会は記念室建設を決定し、「友好の会」は、1999（平成11）年7月に「八田與一技師・外代樹夫妻記念室の建設を支援する会」を結成し、八田技師長男の晃夫《てるお》氏を

烏山頭ダムにある八田技師記念室（写真提供：中川耕二氏）

はじめ関係各所に協力を要請するとともに、與一、外代樹夫妻のそれぞれの出身校を訪ねて、学籍簿、成績簿、写真など展示資料を収集しました。翌年4月には北國新聞社で「八田與一技師・外代樹夫妻記念室提供資料展」が開かれ、収集した資料が台湾へ送られる前に一般公開されました。

２０００（平成12）年6月、長年の努力が実を結び、烏山頭ダム放水門の脇に「八田技師記念室」がオープンしました。

同時に、「友好の会」は八田技師顕彰と日台交流を先導していきます。２０００年5月に台南の嘉南農田水利会大礼堂で開催された「八田與一技師研究会」への日本側パネリスト出席に協力しました。

２００４（平成16）年5月、金沢ふるさと偉人館で八田技師の胸像除幕式と技師顕彰の常設コーナーが開設されました。この胸像は台湾の実業家、許文龍《きょぶんりゅう》氏が「友好の会」を通して金沢市へ寄贈したものです。

八田技師生誕１２０年の２００６（平成18）年には、10月からおよそ半年にわたって金沢ふるさと偉人館が「八田與一展」を開催し、期間中、５回の記念講演会が開かれました。同年11月に八田技師生家前で技師生誕地碑の除幕式が行われました。「友好の会」が募金を集め、制作したものです。

２００７（平成19）年6月12日、技師の生涯を描く劇団昴《すばる》による舞台劇「台湾の大地を潤した男」が小松市公会堂で上演されました。脚本は劇作家で金沢ふるさと偉人館長の松田章一氏によるもので、金沢市、七尾市そして東京でも公演されました。

アニメ映画「パッテンライ!!」

２００８（平成20）年11月11日、八田技師を描いた長編アニメーション映画「パッテンライ!!～南の島の水ものがたり～」の完成披

露試写会が金沢市の北國新聞赤羽ホールで開かれました。製作委員会や北國新聞社、虫プ

アニメ映画「パッテンライ!!」の完成披露試写会
＝2008年11月11日、北國新聞赤羽ホール

ロダクションによる製作で、石黒昇監督が難工事に挑んだ技師を生き生きと描きました。タイトルの「パッテンライ」とは、台湾語で「八田が来た」という意味です。台湾に縁がある歌手の一青《ひとと》窈《よう》さんが主題歌を歌い、姉で女優の一青妙《たえ》さんが声優として外代樹役になったことも話題になりました。

映画は、「友好の会」の中川外司事務局長が、子どもから大人まで幅広い人々に八田技師を知ってもらえるようアニーメーション映画をつくりたいと要望し、北國新聞社が創刊１１５年の記念事業として取り組みました。11月15日から金沢市内の映画館で一般公開が始まるとともに、同市内の小中学校を中心に盛んに上映会が催されました。東京でも翌年５月８日に一般公開され、上映会は石川県内や全国各地に広まり、後にＤＶＤも発売されて、八田技師の名前を日本国内に広める大きな成果を上げました。

花園小児童の台湾訪問

「パッテンライ‼」公開の翌2009（平成21）年5月、八田技師の母校である金沢市立花園小の6年生たちが台湾を訪問しました。この訪台は、花園公民館の古村吉照《こむらよしてる》副館長を団長とする花園校下の訪問団によるもので、北國新聞社が特別協力することで、長井《ながい》珠子《たまこ》花園小校長、同小6年生の担任、児童らの参加が実現しました。

台湾では、八田技師の後輩たちが来た、と関心を集め、とりわけ5月8日の八田技師墓前祭は、児童来訪に合わせて馬英九《ばえいきゅう》総統が参列したことで、台湾の新聞、テレビなどの取材陣が殺到しました。この日の墓前祭は、八田技師をたたえる歌「嗚呼《ああ》！　フォルモサ　ダムの父」の合唱で始まり、花園小児童と、合唱を指導してきた歌手の嶌村義隆《しまむらよしたか》さんらの歌声が、烏山頭ダムの湖畔に響きわたりました。あいさつした馬総統は、「この歌声を聞いて八田技師は喜んでいるだろう」と述べ、技師一家が暮らしていた家屋を含む職員宿舎4棟を復元し、2年後に記念公園をオープンさせる意向を表明。また、映画「パッテンライ‼」の台湾上映を後押しすると述べるなど、八田技師を縁にした日台交流の拡大にとって記念すべき日となりました。

5月29日には、日本の土木学会が2008年度土木学会賞の第23

墓前祭で「嗚呼! フォルモサ ダムの父」を歌う花園小児童ら＝2009年5月8日、烏山頭ダム

回映画コンクールの最優秀賞を「パッテンライ!!」に贈りました。

八田與一記念公園が開園

2009（平成21）年11月4日、台南市で映画「パッテンライ!!」の台湾吹き替え版「八田與一」の試写会が開催され馬総統が、9日は台北市で開かれ李登輝《りとうき》元総統が鑑賞しました。13日から一般上映が台湾主要都市の映画館11館で始まりました。台湾全土でも「台湾のダムの父」と呼ばれる偉人の苦難を乗り越える姿に感動の輪が広がったのです。

烏山頭宿舎を復元する準備が台湾政府交通部観光局によって進められる一方で、北國新聞社が事務局を務める実行委員会によって「〝パッテンライ〟の家に家具を贈ろうキャンペーン」が繰り広げられました。石川県民に広い参加を求めた結果、33人、2団体から家具などが提供されました。これらは2011（平成23）年4月に金沢市から台南市の八田與一記念公園の建設地に届けられました。

同年5月8日、八田與一記念公園の完成式が開催されました。式には、金沢経済同友会の訪台団73人をはじめ、中川外司世話人代表ら「友好の会」、長井賢誓会長ら石川県日華親善協会、山野之義市長ら金沢市、そして田上公民館、旧第一高女同窓会「済美会」の一行が出席。日本の国会議員でつくる日華議員懇談会のメンバーや

水車を回して記念公園の完成を祝う八田修一さんと馬英九総統＝2011年5月8日、台南市

中村信一金沢大学長も加わりました。1千人以上が出席した盛大な式となりました。八田技師がダム建設で嘉南平野を潤したことになぞらえ、馬総統と、技師の孫に当たる八田修一氏が水車を回すなど、多彩なイベントが繰り広げられました。

記念公園は台湾政府が整備し、広さは5・1ヘクタール。1期工事で、八田技師らがダム建設中に暮らした宿舎4棟が復元、修復され、北國新聞社を中心にしたキャンペーンで、石川県内から寄贈された大正、昭和初期の家具170点が配置されています。完成式典の席上、家具を寄贈するキャンペーンの実行委員会会長を務めた飛田秀一金沢経済同友会代表幹事（北國新聞社社長）に対し、馬総統から感謝状が贈られました。

この完成式に合わせて、台南市は、記念公園前の道路「珊瑚路《さんごろ》」（台南市官田《かんでん》区）を、八田技師を記念した「八田路《はったろ》」と名付け、道路標示除幕式を行いました。頼清徳《らいせいとく》台南市長は「台湾と日本の懸け橋となることを願って改名した」と述べました。

馬総統から感謝状を受け取る飛田代表幹事

外代樹夫人の像建立

花園小児童が訪台し、台湾で映画「パッテンライ!!」が公開された2009（平成21）年頃から、八田技師の銅像とともに外代樹《とよき》夫人の像がほしいという声が、台湾側から「友好の会」などに寄せられ始めました。難事業に取り組む八田技師を支え続け、最期は技師の後を追って送水路に身を投げた夫婦愛を尊いとし、外代樹夫人を「台湾水利の母」として称えたいという願いでした。

中川外司氏ら「友好の会」では、両親を亡くし苦労した遺族たちの思いが第一であるとして、長い期間をかけて話し合いを続けました。2012（平成24）年に、台湾で八田與一文化芸術基金会が中心となって募金活動を開始。金沢市でも「友好の会」を軸に「八田外代樹夫人銅像建設委員会」が新たに組織され、日台の共同事業となりました。

像は日展会員の彫刻家、村井良樹氏が、幼いわが子を抱きかかえ、夫の帰りを待つ外代樹夫人の姿をモチーフに制作。2013（平成25）年9月1日の命日に、八田與一記念公園で日台の関係者ら約500人が出席し、除幕式が行われました。

山野金沢市長の訪台と交流拡大

2011（平成23）年5月9日、山野之義金沢市長が台南市役所を表敬訪問しました。市議会議員の頃から八田技師の墓前祭に参列していた山野市長は、前日の八田與一記念公園の完成式と墓前祭出席のため訪台し、この日、頼清徳台南市長と懇談しました。山野市長は頼市長に金沢、台南両市の観光協会による交流協定の締結を提案し、頼市長は賛同しました。

同年9月20日、金沢市内のホテルで山野、頼両市長が出席のもと、金沢市観光協会と台南市旅行商業同業公会が友好交流協定を締結しました。両市は観光をはじめ、子どもや文化、ビジネス、スポーツなど幅広い分野にわたる交流を推進することを確認しました。八田技師を架け橋に積み重ねられてきた民間交流が、金沢、台南両市の友好交流という歴史を切り開きました。

この日、八田技師の生

頼台南市長（右）と懇談する山野金沢市長＝2011年5月

誕地、花園地区では、八田技師の生家前を通る市道約2・5キロメートルが、愛称「與一の道」と名付けられ、記念碑除幕式が行われました。台南市が八田與一記念公園に通じる道を「八田路」と名付けたことに対応した計らいです。

　翌2012（平成24）年5月には台南市で「金沢ウイークin台南」が、同年9月には「台南ウイークin金沢」が開催されました。

　台南ウイークでは北國新聞交流ホールで「八田與一技師・伊東哲《いとうさとし》画伯遺品里帰り展」と「金沢台南工芸交流展」も開かれるなど多分野での交流が広まりました。「里帰り展」で展示されたのは、烏山頭ダムを管理する嘉南農田水利会や八田技師記念室から借り受けた品々で、八田技師が遺体となって発見された際に着けていた腕時計や愛用のシャープペンシル、着物、羽織などのほか、外代樹夫人の手鏡や帯留め、文箱《ふばこ》など貴重な遺品が日本初公開されました。同水利会で長年展示されてきた八田技師の親類である伊東哲画伯が手掛けた縦72・2センチ、横212センチの烏山頭ダムの油彩画や、八田技師の肖像画も公開されました。

　八田技師を縁にして始まった台湾との交流は小松台湾便のデーリー運航につながるなど経済や文化へと領域を拡大し、加賀市や輪島市へと取り組みが広まりました。石川県では全国に先駆けて日台交流の新時代が訪れようとしています。

八田與一技師・伊東哲画伯遺品里帰り展を鑑賞する来場者＝2012年9月

回想 10

台南での八田技師法要に感動

前「友好の会」世話人代表
中川外司《なかがわとし》

◉法要はなぜ続く

八田技師を知ったのは1983（昭和58）年3月ごろ、技師の母校である旧制四高出身の武内さんにたまたま教えてもらったのが最初でした。武内啓夫《たけうちひろお》さんは日立製作所で電気関係の技師をしていた方で、烏山頭《うさんとう》ダムの発電施設の保守点検を担当したことがあったそうです。

金沢出身の人が台湾でそんな大きなダムと水路網を造ったことは初耳でした。亡くなってから40年もたっているのに、台湾の人々によって法要が続けられていることに半信半疑だったのですが、興味をひかれ、金沢市今町にある本家の八田一成さんや、八田技師が学んだ金沢一中や四高の同窓会などを訪ねました。そうするうちに、のめり込んでいったのです。

中川外司（1937～2014年）　金沢市生まれ。金沢泉丘高、中央大卒。故坂本三十次衆院議員の秘書を10年務め、1979年から金沢市議を4期16年。1989年から2013年まで「八田技師夫妻を慕い台湾と友好の会」世話人代表として八田與一技師の顕彰活動に取り組む。2008年北國文化賞受賞。15年に台南市名誉市民。

その年の5月ごろ、偶然、愛媛県松山市の古川勝三《かつみ》さんが八田技師の伝記を書いたことを知りました。台湾南部の高雄で日本人学校の先生をしていた人で、八田技師を調べて、『台湾を愛した日本人』という本を台湾で出版したのです。早速、1冊譲ってほしいとお願いしました。しかし、古川さんの手もとにも3冊しか残っておらず、「日本で再出版することになったので、待ってもらえませんか」とのこと。あきらめきれず、「コピーしてお返しします」とお願いすると、古川さんは「送りますが、その代わり、再出版の際に、技師の郷里である金沢について詳しく書きたいので、協力してほしい」と言われました。わたしは集めた資料を提供し、10回以上、手紙をやりとりして質問に答えました。

◉心から慕う現地の人々

そうしたころ、技師の墓前祭に参列したいと漠然と思っていると、八田一成さんから「今年の墓前祭にはどうしても参列したいので一緒に行ってほしい」との話が来て、1985(昭和60)年5月、烏山頭での墓参が実現しました。地元の嘉南農田水利会の職員や農民など約70人が参列しており、親戚のおじさんのお墓参りをしているような雰囲気で、心から八田技師を慕っている様子が伝わってきました。

この回想は、2009(平成21)年12月発行『北國文華』第38号掲載の中川外司「八田夫妻に魅せられて」から抜粋したものです。

水利会の幹部から、烏山頭ダムの湖にある半島に建てられた別荘に招待されました。蒋介石《しょうかいせき》の子息の蒋経国《しょうけいこく》が宿泊するために建てられたそうで、湖でとれた魚やスッポンなどの家庭料理でもてなしてくれたのを昨日のように覚えています。

今、思うと失礼な話ですが、わたしは水利会の総幹事に「戦争で負けた国の人の法要をいつまでやるのですか」とたずねました。すると、総幹事は立腹して「わたしたちの大先輩であり、日本人だとか台湾人だとかは意識したことはない。法要は永遠に続ける」と言われました。

わたしは感動して、これはたくさんの人に知ってもらわないといけないと思い、毎年、墓前祭に参列するようになります。1989（平成元）年2月に「八田與一技師を偲《しの》び嘉南の人達と友好を深める会」を結成して事務局長に就きました。交流の範囲が嘉南の人々から台湾全土へ広がってきた上、外代樹《とよき》夫人を慕う人も多いため、後に会の名を「八田技師夫妻を慕い台湾と友好の会」に変更しました。墓参は今年（注・2009年の時点）で24回目になります。

◉送水口に記念室を

1993（平成5）年、嘉南農田水利会の会長に徐金錫《じょきんしゃく》さん（当時）が就任したころ、完成から60年間使い続けた烏山頭ダムの送水口が老朽化したため、新しい送水口を造る計画が持ち上がりました。徐会長が「新しい送水口が完成しても、八田技師が造った送水口を歴史遺産として残したい」と言われるので、わたしは「その場所に八田技師記念室をつくらせてほしい」と申し出ました。

当時は李登輝《りとうき》総統が就任して5年が過ぎ、台湾の民主化が劇的に進んでいたころで、墓前祭の参列者も増えてきていました。記念室があれば、八田夫妻顕彰の流れがもっと大きくなると思ったのです。徐会長から「八田技師記念室の建物は水利会でつくると決まりました。展示物を充実させたいので協力してほしい」と依頼され、資料探しや協賛金集めを始めました。そうして、２０００（平成12）年に記念室が完成したのです。

◉涙ぐむ許文龍《きょぶんりゅう》さん

その年、台南市で「八田技師シンポジウム」が開催され、台湾を代表する実業家の許文龍さんに初めてお会いしました。許さんは家電製品の外装などに使うＡＢＳ樹脂で世界トップの生産量を誇る奇美実業を一代で築いた人で、八田技師を心から尊敬しています。

ある時、許さんが「毎年、墓前祭に参列していると聞き、感心しています」と言われるので、わたしは「郷土の先人のお墓参りをするとともに、八田夫妻のお墓を守ってくれている台湾の人に感謝するのが目的です」と答えました。すると、許さんは「それが日台親善の真の心だ。八田技師の胸像を贈りたい」と言われました。その後、八田技師は「金沢の偉人」として顕彰されることになり、胸像は2004（平成16）年5月、金沢ふるさと偉人館に設置されました。

胸像の除幕式に許さんは出席できませんでしたが、1カ月後、金沢を訪れ、金沢ふるさと偉人館で講演をしました。その会場で忘れられない場面がありました。八田技師の設計した水路網に初めて水が流れてきた時の台湾の農民の喜びを語る時、許さんは涙ぐんで声をつまらせ、20秒ほど言葉が出なくなったのです。許さんの思いが伝わり、とても感動しました。

金沢市のふるさと偉人館で講演する許文龍氏＝2004年6月14日

◉李登輝氏が語る八田精神

李登輝元総統との出会いも印象深いものです。慶應大学で行われる予定だった李登輝氏の「幻の講演」の原稿を読み、驚くと同時に感動しました。講演の

9割が八田夫妻の生き方を通じて日本人の精神を説いていたからです。

李登輝氏にお会いしたいが、難しいだろうと思っていた時、金沢出身の評論家・角間隆氏から、許文龍さんを紹介してほしいとの電話がありました。角間氏には李登輝氏に関する著書があります。わたしは、依頼を引き受けると同時に、李登輝氏に会わせてほしいとお願いしました。

ツキがあったのでしょう。2003（平成15）年、2004年と李登輝氏に会い、金沢に来てくださいとお願いしたところ、2004年末、本当に家族旅行で金沢に来られました。八田家本家を訪れた時に「畳の部屋に座るのは60年ぶりだ」と話していたのが印象的です。

外務省の注文で、李登輝氏の講演会を開けなかったのが残念です。今年（2009年）5月に訪ねた時には金沢での講演を快諾してくれました

「八田技師夫妻を慕い台湾と友好の会」一行を歓迎する李登輝元総統＝2004年5月6日、台北県淡水の台湾総合研究院

が、体調の関係で実現しませんでした。講演実現が次の目標です。

◉烏山頭で語り部育てる

今、烏山頭ダムや八田技師のことを伝える「語り部」が必要だと思っています。ダムへ行くといつも日本語で案内してくれる水利会ＯＢの徐欣忠《じょきんちゅう》さんも高齢です。台湾新幹線の開業で烏山頭を訪れる日本人は増えると思いますが、説明できる人がいなければ、八田技師の本当の姿も伝わりません。

だから、わたしは烏山頭に1年ほど住んで、日本語のできる台湾の若者と観光客を案内しながら、語り部に育てたいと思っています。八田技師の家を復元し、そこの管理人をしてもいいですし、観光客の来ない時は、ダム湖で釣りでもしていれば長生きしますよ。烏山頭に永住ということになるかもしれません。

八田技師や台湾に思いを寄せる多くの人々のおかげで、長い間、活動を続けることができました。子供たちには、八田技師が抱いた「肩書きや人種、民族などで分け隔てをしない精神」と「公に尽くす精神」、わたしなりに言えば「人に優しく、自分に厳しくする精神」を受け継いでほしいと思います。これからも、日台のきずなが深まることを願いながら、歩いていくつもりです。

寄稿 4

八田技師を敬慕《けいぼ》する台湾の心

八田與一文化芸術基金会
会長
徐《じょ》 金《きん》 錫《しゃく》

◉嘉南大圳《かなんたいしゅう》は文化遺産的価値を持つ

本来、土木技術者の功績が長きに渡って語り継がれることは少ないのではないでしょうか。土木工事のほとんどは、国家の政策などによって、なされるものであって、その時の政治家の名前は残っても技術者の名前は残らないことがほとんどです。

では、なぜ八田技師は台湾で嘉南大圳の父として語り継がれているのでしょうか。

それは、単に嘉南平野という荒野を灌漑《かんがい》しただけではないのです。当初は農業灌漑目的に作られた烏山頭ダムは、現在、工業用水、民生用水、そして発電など多目的なダムとして利用されており、それは台湾の将来の発展の基礎を作

徐金錫　1936年、台南県西港の農村に生まれる。中原理工学院（現・中原大学）で土木工学を学び、奨学金を支給してくれた嘉南農田水利会に就職。1993年から会長。2009年、八田技師にちなみ、日本との交流に尽力した功績を称えられ旭日双光章を受章。編集協力・徳光重人（八田技師夫妻を慕い台湾と友好の会世話人代表、台湾石川県人会代表）

り、国家の経済発展基盤となっただけではなく、さらに人々の生活を豊かにし、その地の文化を育《はぐく》んできたことからも、文化遺産的な価値があるということではないでしょうか。

　国家の経済基盤となるような偉大な計画、そしてそれが最後まで実行された背景には、彼自身の精神があったからに他《ほか》ならないのです。

　私たちはその精神を「八田精神」とよんでいます。その精神は、三つの漢字「仁」「智」「勇」で表すことができるのではないでしょうか。

◉「仁」

　当時の日本の政策は、本土の工業化そして台湾の農業近代化による穀倉地化を掲げ、台湾総督府から嘉義《かぎ》庁へ亀重渓《きじゅうけい》、急水《きゅうすい》渓そして曽文《そぶん》渓付近の灌漑を行うよう指示を出していました。その調査依頼を受けた八田技師は、この計画では嘉南平野

濁水渓左岸の平野部に位置する崙背での甘蔗（サトウキビ）灌漑試験。生産性を高めた台湾の製糖業は本土の同業を圧倒していった（写真：嘉南農田水利会蔵）

の一部の農民しか豊かにならない、皆が豊かにならなければならないとし、嘉南平野全体の灌漑を行うべきだと強く主張しました。それは、調査を自分の足で行い、農民の生活の実態を十分に実感していたからであり、技師の「均富」という思想がそう強く主張させたのでしょう。

「八田屋の大風呂敷」といわれた壮大な計画ですが、「仁慈《じんじ》」の精神をもって「人」を大切にするエピソードが残っています。

殉工碑に台湾人、日本人が分け隔てなく亡くなった順に名前が刻まれているように、台湾人も日本人も分け隔てることなく、厳しくそして優しく接していたといわれています。

計画では、6年以上にわたる大工事となることから、男が良い仕事をするためには家族の協力も欠かせないという考えから、百数十棟の職員たちの宿舎を現場近くに作り、その街には、学校、病院、テニスコート、娯楽室などを併設し、職員たちの烏山頭での福利厚生についても気を配ったのです。

同時に、マラリヤなどからの風土病から職員たちを守るために、その予防薬を取り寄せて強制的に飲ませたということです。職員そして家族の健康まで気遣いをしていたのです。

さらに、八田技師の非凡な技術者の経営者的側面が垣間見られることですが、それは、工事が始まって4年目の1923（大正12）年に起こった関東大震災の時です。国からの資金が不十分となり、工事の一時停止と人員の整理を行わなければならなくなったのですが、普通の経営者であれば、才能のない人材を整理するところを、八田技師は、日本人の優秀な技術者を解雇することにしたのです。優秀な技術者であれば、簡単に別の場所で雇用されるので、その家族を含めて路頭に迷わせることはないだろうという考えでした。技師は、彼らに退職金を渡す時には涙を浮かべながら、工事が再開したら必ず呼び戻すと言い、彼らの再就職斡旋も行ったということです。

◉「智」

八田技師が計画したものは単にダムを作るということではありません。水源の確保、導水系統、水の分配、排水系統、防潮系統などが統合された計画なのです。

技師の自らの足で調査した測量資料を基に、彼の豊富な知識と発想から知恵をもって嘉南大圳が作られているのです。

濁水渓の3カ所の取水口（林内の3カ所）、烏山頭ダム（烏山嶺にトンネルを通して曽文渓から取水）、導水計画、水分配計画、排水系統計画などの工事は、ほとんどが同時に開始されました。

これらの計画は、農業の発展に大きな寄与をするわけですが、それによって製糖業が栄え、それが台湾の工業化の礎《いしずえ》ともなっていますし、排水系統計画は、台風や大雨の際の災害減少にも大きな効果があるのです。

また、計画の中に、有名な3年輪作給水法がありますが、それ以外に特筆すべきものとして、北幹線と濁《だく》幹線の交わる北港渓下の水門*があげられるでしょう。南部で水が足りなければ、この水門を開き、北の水を南に供給し、北部で水が足りなければその逆に水を供給するという細部にわたる想定を行ったことが見て取れます。

そのための時系列の工程表、資金計画表、人員計画表は凡人では想像のできない詳細なものであったようです。

◉「勇」

上記のような大風呂敷といわれた工事の総予算額は、4200万円(現在の4000億円程度)にのぼり、その計画を提出し説得した勇敢さは、普通の公務員ではできるものではありません。

八田技師の採用したセミ・ハイドロリックフィル工法は、技師が綿密に調査

*北港渓下の水門＝56、57ページの図で濁幹線北幹線連結点として表示。

した結果選んだもので、当時はアメリカにその例がある程度でした。その工法についてアメリカでダムを作ったジャスティンとは、堰堤《えんてい》内部のコンクリート壁の高さ、溢水《いっすい》の処理系統について徹底的な論議が行われました。

最終的には、八田技師の主張によってダムが作られることになるのですが、完成後数年たってから、ジャスティンも八田技師の正しさを認め、敬意を表して「八田ダム」と呼ばれることにもなったのです。

◉嘉南平野の「三生」を改善

この八田精神が、嘉南平野の「生産」「生活」「生態」の「三生」を大きく改善し、現在そして将来に至って大きな貢献をしているのです。

私たちは、この精神を忘れることなく、台湾の若者たちに継承していくべく、努力していきたいと思っています。

八田技師が設立した台南の六甲尋常高等小学校は嘉南国民小学校となっている。写真は2009年5月8日に、嘉南国民小を訪ねた金沢市立花園小6年生たちとの記念撮影

回想11

袈《け》裟《さ》を携《たずさ》えて向かった台湾

石川県日華親善協会会長
長《なが》井《い》賢《けん》誓《せい》

◉「八田與一を知っているか」

私が八田與一技師の名前を知ったのは、1983（昭和58）年ごろだと思います。教えてくれたのは、自民党金沢市議の同僚だった中川外司《とし》さんで、「台湾の南部に世界一のダムを造った日本人がいる」「八田與一という名前で、金沢市出身だ」というのです。

金沢市出身者の中にも、大きな仕事をした人がいたものだと思い、詳しく調べてみると、私が住む利屋《とぎや》町からわずか1キロばかりの今町生まれだと分かり、大きな衝撃を受けました。

私は生まれも育ちも金沢市利屋町です。金沢市に合併される前は「河北郡花園村」に属し、利屋町と今町は同じ花園村です。時代こそ違え、その同じ村か

長井賢誓　1924（大正13）年、金沢市利屋町で生まれる。金沢市議6期、石川県議4期を務める。県議在職中は県議会議長などを歴任する。台湾との友好交流を進める日華親善協会全国連合会副会長、石川県日華親善協会会長。

ら出た八田技師の名前を中川さんから聞くまで知りませんでした。

「花園村の大先輩をお弔《とむら》いしなければ」。中川さんと一緒に、取るものも取りあえず、衣《ころも》、つまり袈裟を持って、台湾に渡りました。実は、我が家は真宗大谷派の「智證寺《ちしょうじ》」というお寺です。お弔いするには何がなくても衣が必要ですから。

余談ですが、私はその直前の1980（昭和55）年まで、金沢市議としての活動とともに、国鉄（現在のJR）に籍を置いて、金沢車掌区助役などを勤めていました。それが許される時代でした。周囲にはよく、自己紹介として「私は議員と国鉄職員、そして僧侶の三足のわらじを履《は》いている」と言っていました。

中川さんとは、その後、毎年のように知り合いを誘って、八田技師の墓参りに行っていましたが、人数にすれば、せいぜい数人レベルでした。

◉総勢31人の訪問団を編成

初めて、大きな訪問団を編成したのは、1989（平成元）年です。この年、八田技師の事業を顕彰する活動を始めるため、「八田與一技師を偲《しの》び嘉南の人達と友好を深める会」（現在は「八田技師夫妻を慕《した》い台湾と友好の会」に改称）を結成しています。

訪問団への参加を会員はじめ、技師の母校である旧制金沢一中や四高、東京帝国大学、そして外代樹《とよき》夫人が学んだ旧制金沢第一高女の卒業生らに声を掛け、結局、総勢31人の大所帯となりました。

この年の墓前祭は、地元の住民ら約100人に、石川県などから駆け付けたわれわれが加わって、にぎやかなものになりました。墓前祭の主催者で、ダムを管理する嘉南農田水利会の李源泉会長（当時）の献花の後、地元の尼僧の読経に続いて、私がお経を読まさせていただきました。

さらに、読経だけではなく、あいさつまでさせていただきました。「（烏山頭の）皆様には誠に頭が下がる思いです。八田技師夫妻の故郷を代表して、あらためて感謝申し上げます」。あいさつの機会があるとは思いませんでしたし、事前に原稿を準備していたわけではなく、とっさに口をついで出た言葉でした。

◉情の深さに感銘を受ける

事実、私の偽《いつわ》らざる言葉でした。いかに地元の人たちに大きな恩恵を与えたとはいえ、異国の人間の銅像と墓を40年以上も守り続ける台湾嘉南の人たちの情の深さに、感謝の言葉を伝えずにはいられませんでした。

しかも、墓前祭の後に設けていただいた水利会との交歓会では、李会長から思いもよらない提案がありました。「実は、八田技師の功績を後世に長く伝えるために、八田技師記念館を建設する計画でいる。金沢の皆さんにもぜひ、協力していただければと思っています」。

李会長の提案からは、私だけではなく、一緒に墓前祭に参列した一行に対して、嘉南の人たちが八田技師を慕ってくれている気持ちがひしひしと伝わってきました。目頭が熱くなる思いでした。

◉技師の文献や写真集めに奔走

この時も、私の口から言葉がほとばしり出ました。「ありがとうございます。喜んで協力させていただきます」。記念館は２０００（平成12）年に完成しましたが、日本からは八田技師に関する文献や写真を提供しました。東京大学にもうかがい、技師の卒業証書の写しをいただき、水利会にお送りしました。記念館は日本と台湾の友好の証だと思っています。

◉各方面に広がった提携

八田技師をきっかけとした交流は各方面に広がっています。技師の銅像と墓を守り続けている嘉南農田水利会とは、手取川七ヶ用水土地改良区と河原市用水土地改良区がそれぞれ姉妹提携を結び、2016(平成28)年、25周年を迎えました。

また、八田技師の母校である金沢市花園小と台南市嘉南小との友好提携も20周年の節目です。提携前は技師のことを知らない児童ばかりでしたが、今は技師を知らない子どもはいないでしょう。

もちろん、花園と嘉南両小学校が友好提携を結ぶに際して、努力が必要でした。花園小には、何度も通い、まず教頭と一緒に台湾へ行き、次の年は校長に同行してもらうなど、数年がかりで実現にこぎつけました。2011(平成23)年に、八田技師の生家前の市道が「興一の道」と名付けられましたが、これも何とか郷土出身の八田技師の名前を後世に残そうという努力の積み重ねの結果です。

このほか、金沢森本ライオンズクラブと台南市ライオンズクラブも交流を深めています。こうした交流はすべて八田技師のお陰といえます。

◉中川氏が書き残した一文

そして、何よりも北國新聞社の全面的なご協力を得られたことによって、これらの交流は前に進んだと感謝しております。中川外司さんが２０１３（平成25）年に「皆様に今お伝えしたい私の思い」という一文を「友好の会」会員に配布しておられます。その中に、長編アニメ映画「パッテンライ（八田が来る）～南の島の水ものがたり～」の制作資金集めに苦労した時の文章があります。

「私がいかに頑張っても到底調達できる額ではなく、どうしたものかを考え抜きました。そうこうするうちに頭をよぎったのは、北國新聞社が2年後の２００８（平成20）年に創刊１１５年を迎えることでした。同社社長（当時）の飛田秀一氏は金沢経済同友会の代表幹事を務められ、常に『ふるさと教育』の大切さを説かれていましたので、ふるさと教育にふさわしいこの企画を創刊１１５年の記念事業に取り上げていただけばと考えました。ただ、簡単には飛田社長の同意を得ることは出来ないという覚悟だけはしていました。そんな心境で飛田社長にお会いしましたが、何と一度の話し合いで〝記念事業〟に取り上げていただくことができました。『やっても良い《い》よ』と言われた飛田社長の声はいまも私の耳に鮮明に残っていますし、そのとき肩の力がガクッと抜ける感じがしました」

北國新聞社には、２０１１（平成23）年に完成した八田與一記念公園の旧幹部宿舎復元事業では、技師が住んでいた大正末期から昭和初期の家具など調度品の収集で、何度も紙上キャンペーンをしていただきました。

◉忘れてはならない後押し

八田技師によって築かれた嘉南をはじめとする台湾との交流の礎《いしずえ》を失ってはなりません。1997（平成9）年に設立された石川県日華親善協会の会長を引き受けたのも、そうした思いからですが、北國新聞社をはじめ、多くの方々の後押しがあって、八田技師の偉業が金沢市はもとより石川県内、そして全国に知られるようになったことを忘れてはならないと思います。中川さんが亡くなった今、それを語り継いでいくことが私の使命だと考えています。

八田技師夫妻の墓前祭で、お経を読む長井氏（左）。隣は津幡町の永照寺住職の日野真志氏＝2016（平成28）年5月8日（写真提供：長井賢誓氏）

麗しの島・台湾
懐旧と絶景の旅
八田技師の足跡を訪ねる

台湾観光局発行「台湾まるごとガイド」の地図より作成

台湾で暮らし続けた八田技師夫妻

八田與一技師は1910（明治43）年に、当時、日本の植民地になっていた台湾の総督府に赴任し台北へやってきました。妻外代樹《とよき》と結婚すると西門町《さいもんちょう》に新居を構え、その後、烏山頭《うさんとう》ダムの建設のために嘉義《かぎ》へ、そして烏山頭の宿舎に移り住みました。1930（昭和5）年に嘉南大圳《かなんたいしゅう》が完成すると再び台北に戻り、夫妻は亡くなるまで台湾で暮らし続けました。

八田技師が関わった水利施設には、烏山頭ダムを中心とする嘉南大圳のほかに、調査と設計を担当した桃園大圳《とうえんたいしゅう》、調査・企画をした日月潭《にちげつたん》の電源開発、台中を流れる大甲渓《だいこうけい》の電源開発があり、ポスト烏山頭ダムとしてその必要を指摘していた曽文《そぶん》ダムもあります。台湾全土の一体的な水利事業を構想していた技師は、台湾をくまなく踏破しました。

今日の台湾には、台北市にある総統府をはじめ日本統治時代に造られた建造物が数多く保全・活用され、歴史の香り漂うレトロな雰囲気を残しています。また麗《うるわ》しの島と呼ばれる台湾には自然が織りなす絶景が多く、日本と同様に温泉もたくさんあります。八田技師ゆかりの土地と技師が眺めた景色を現在の台湾の見どころとともに案内します。

資料提供:台湾観光局/台湾観光協会大阪事務所

アクセス、入場料、休館日など詳しい観光情報は台湾観光局による最新のガイドなどで確認してください。

台北市中心部

総統府

台北市中正区

台湾総統が執務する官邸で、1919年に台湾総督府として建造されたルネサンス様式の庁舎です。3日前までに事前予約すると平日の午前中に限り、1階部分を見学できます。台湾に関する展示を通して、日本と台湾のつながりを学ぶことができます。（館内は撮影禁止、旅券の持参が必要）

紅楼劇場

台北市万華区

日本統治時代の台北で西門町は日本人の居住エリアでした。住民に日用品を供給するために1908年に西門市場が建てられ、紅楼はこの市場の入り口に当たります。八角形の赤レンガ造りの印象深い建物は、2002年に全面修復され、1階はカフェや工房、2階は劇場に生まれ変わっています。

西門町《さいもんちょう》

台北市万華区

流行に敏感な台北の若者でにぎわう「台北の原宿」。洋服やアクセサリー、雑貨を扱う個性豊かなショップが軒を並べ、カラオケ、映画館などが集まる電影街やドラマロケにもよく使われるアメリカ街もあります。結婚した八田技師夫妻が初めて住んだ街でもあります。

◈中正紀念堂

台北市中正区

1980年、故・蒋介石総統の業績を伝えるメモリアルホールとして建築。約25万㎡もある広大な敷地には国家音楽庁と国家戲劇院があり、ほかに公園広場、休息所や回廊、庭園、池なども作られ、市民の憩いの場となっています。

◈寧夏夜市《ねいかよいち》

台北市大同区

中華の一品料理「小吃」の屋台がたくさん集まる、庶民派のグルメスポットです。

◈迪化街《てきかがい》

台北市大同区

台湾名産のカラスミやフカヒレなどの乾物、茶葉、漢方薬などのお店が、品物を山積みにして販売。レンガ造りのレトロな建物が再生され、おしゃれな雑貨店やカフェになっています。

◈永康街《えいこうがい》

台北市大安区

日本でも知られる小籠包の名店・鼎泰豊の本店をはじめおいしさに定評のあるグルメスポット。小物、雑貨の人気ショップも。

◈龍山寺《りゅうざんじ》

台北市万華区

1738年創建で、台北で最も長い歴史を誇る寺廟。極彩色に彩られた絢爛豪華な廟建築です。観音菩薩が本尊で、文殊菩薩や普賢菩薩のほか、航海・漁業の守護神である媽祖（まそ）や文昌帝君など道教の神も祀られています。

台北市東部

台北の街を一望に

©台湾観光局

台北101展望台

台北市信義区

地上101階、高さ509mの台湾最高層ビル。台北のランドマークとしてそびえ立ち、展望台から台北の街を一望できます。7年の工期をかけ2004年に竣工した時点で完成建造物として世界一の高さを誇りました。地上1階から展望台のある89階まで37秒で到達する高速エレベーターも魅力です。

信義商圏

台北市信義区

台北101の付近に新光三越デパート、誠品信義店、ワーナービレッジなどが集積し、複合エンターテインメントエリアを形成しています。

エンターテインメントエリア

©台湾観光局

孫文の偉業をたたえる

©台湾観光局

国父紀念館

台北市信義区

中華民国を建国した孫文の業績をたたえ、中山公園内に建てられた記念館。孫文の足跡をたどる資料や遺品の展示も。

たばこ工場跡を再生

©台湾観光局

松山文創園区

台北市信義区

1937年建築の松山たばこ工場跡が再生され、芸術文化イベントなどが開催される複合文化施設になっています。

レトロな老舗夜市

©台湾観光局

饒《ぎょう》河《か》街《がい》夜《よ》市《いち》

台北市松山区

片道400mの直線道路の両側にずらりと露店が並んでいます。士林夜市とともに台湾2大夜市とされ、昔ながらの夜市の雰囲気を味わえます。

台北市北部

故宮博物院

台北市士林区

中国の宋、元、明、清時代の宮廷に伝来してきた極めて豊かな至宝、約65万4500点を収蔵しています。ヒスイに彫刻をほどこした玉器、古代中国で制作された青銅器、明・清時代に盛んに作られた多様な素材による彫刻品、宋時代の白磁、青磁をはじめとする陶磁器などが展示されています。院内にはカフェやレストランもあります。

世界4大博物館のひとつ

©台湾観光局

南国情緒あふれる庭園

©台湾観光局

士林官邸《しーりんかんてい》

台北市士林区

日本統治時代に園芸試験場として作られ、戦後、台湾の蒋介石総統が住んだ官邸です。南国の緑と花々に彩られた庭園は見事で、官邸内部も見学できます。

行天宮《ぎょうてんぐう》

台北市中山区

三国志の関羽を祀る

©台湾観光局

三国志の英雄の1人・関羽は初めて帳簿と算盤を使ったとされ、商売の神として祀られています。絢爛豪華な寺廟には商売繁盛を願う多くの人々が参拝します。

衛兵の交代式は圧巻

©台湾観光局

忠烈祠《ちゅうれっし》

台北市中山区

1911年の辛亥革命やその後の対日抗戦で命を落とした軍人約33万人の英霊を祀るため1969年に建造されました。台湾の陸・海・空軍から選抜された衛兵が1時間交代で大門と大殿を守っています。衛兵は任務に就くと微動だにせず、また、交代式の一糸乱れぬ行動は圧巻で、参拝者を感動させます。

台北近郊

北投《ぺいとう》 台北市北投区

日本統治時代に保養地として整備された台湾最大の温泉郷で、1933年に台湾を訪れた宗教者・暁烏敏もここで温泉に入りました。青温泉と呼ばれる強酸性硫鉱泉と白温泉と呼ばれる弱酸性単純泉があり、泉質には定評があります。新北投駅前から地熱谷にかけて、日本統治時代の面影が残る風情豊かな温泉街が広がり、石川県七尾市の加賀屋が現地法人と合弁で経営する和風旅館「日勝生加賀屋」が2010年から営業しています。

北投温泉博物館

温泉で湯けむりが上がる地熱谷

淡水 新北市淡水区

台北市内を流れる淡水河の河口に広がる港町。スペイン、オランダ、清朝、日本による統治の歴史があり、それぞれの時代の面影を残す建物が点在し、異国情緒あふれる街並みから台湾のヴェニスと呼ばれています。海に沈む夕陽の美しさは抜群。ノスタルジックな淡水老街の散策も楽しめます。

猫空《まおこん》 台北市文山区

鉄観音茶など茶葉の名産地。台北地下鉄の動物園駅からロープウェイで行けます。茶畑に点在する茶芸館で台湾茶や茶葉料理を満喫できます。

九份《きゅうふん》 新北市瑞芳区

1890年に金鉱が発見され、ゴールドラッシュに沸いた面影を残す街並みが魅力です。金の採掘は日本統治時代に最盛期を迎え、当時に造られた古風な路地や石段、酒家（料理店）などの建物が残されています。

第二次大戦後、金の採掘量が減り、金鉱が閉山になりましたが、1989年にベネチア映画祭でグランプリに輝いた名作「悲情城市」の舞台となったことで、世界に知られる人気の観光地になりました。

台湾中部

湖の幻想的なたたずまい

◆日月潭《にちげつたん》 南投県魚池郷

八田與一技師による烏山頭ダム建設と同時期に、台湾最長の川である濁水渓上流にある日月潭から導水する水力発電所建設事業が進み、1934年に明潭発電所が完成しました（現在は大観発電所）。日月潭は海抜760mにあり周囲は33km。台湾最大の淡水湖です。湖の東側が太陽の形なので日潭、西側が三日月の形なので月潭と呼ばれます。山々に囲まれた湖は時々刻々と表情を変化させ、一帯は風光明媚この上ない人気のリゾートです。遊覧船が運航し、遊歩道や湖畔を1周できるサイクリングロードも整備されています。

◆玉山《ぎょくざん》 南投県信義郷

1895年に台湾の統治を始めた日本政府は、玉山（3952m）が富士山（3776m）より高いことから「新しい最高峰」という意味で「新高山」と名付けました。中央山脈の3000m級の峰々を見下ろす壮観さと荘厳なご来光は、日本の登山客にも人気があります。

台湾での登山

台湾の中央山脈には玉山をはじめ標高3000m以上の山々が連なります。これら3000m以上の山に登るには事前申請する必要があります。

台湾最高峰3952mの荘厳

台湾中部

阿里山《ありさん》 嘉義県阿里山郷

阿里山は独立峰ではなく2000m級の8峰の総称です。樹齢1000年を超えるヒノキなどの原生林が広がる阿里山森林遊楽区では、整備された遊歩道や林道で森林散策が楽しめます。日本より一足早い桜の名所です。祝山から望む雲海や玉山山系から昇るご来光は必見の価値があります。

樹齢1000年を超える
阿里山のヒノキ

奮起湖《ふんきこ》 嘉義県竹崎郷

阿里山郷の標高1500mあたりには高山茶の畑が広がり、奮起湖の街には日本統治時代の遺構が残っています。

檜意森活村《（ひのきむら）》 嘉義市東区

かつての台湾総督府営林局の嘉義林場官舎跡が嘉義市の史跡に指定され、28棟の木造歴史建築が保存整備されています。

阿里山森林鉄路車庫園区 嘉義市

世界三大登山鉄道の1つとして鉄道ファンにたいへん人気がある阿里山森林鉄道の北門駅近くに位置し、車庫、修理工場、運転台などの施設のほか、数々の列車が展示されています。

北門駅は日本統治時代の1910年に阿里山森林鉄道の起点駅として造られました。駅舎は阿里山の台湾紅ヒノキを使った建物で、クラッシックで優雅な風格がただよいます。

北門駅

八田與一記念公園

烏山頭風景区

台南市官田区

八田與一技師が1930年に完工した烏山頭ダムの堰堤やダム湖である珊瑚潭は、自然に溶け込むすばらしい景観を生み出しました。風景区内には八田技師の銅像、八田技師記念室、殉工碑（慰霊碑）などがあり大工事をしのぶことができます。2011年にはダム工事中に八田技師らが住んだ宿舎4棟を復元した八田與一記念公園が開園しました。

花園夜市

台南市北区

多くの露店が集まり、半分は食べ物エリア、半分は買い物とゲームのエリアになっています。台南の人たちが大勢集まる賑やかな夜市ですが、毎日開く台北の夜市とは違い、ここは木・土・日曜の午後6時から12時までです。

林百貨

台南市中西区

八田技師による嘉南大圳完成から2年後の1932年に、日本人商人によって台湾で初めてエレベーターを備えた百貨店として開業。閉店を経て、2014年にリニューアルオープンし、メードイン台湾のセンスあふれる商品が勢ぞろいしました。

国立台湾文学館

台南市中西区

1916年建造の台南州庁舎の建物です。荘重なバロック様式で歴史的建物が並ぶ民生緑園ロータリーの一角を占めます。

七股塩山《しちこえんざん》

台南市七股区

台南市の海沿いは、かつて塩の大産地でした。天日製塩が衰退した代わりに、一帯は塩のテーマパークとなり、中でも地上6階分の高さに達する塩山は壮観です。

台湾南部

延平老街《えんぴんろうがい》

台南市安平区

台湾最古の街
©台湾観光局

安平古堡に近接し「台湾最古の街」といわれ、レトロな雰囲気です。フルーツの蜜漬け（蜜餞）、エビやカキの料理などの屋台が並び土産店もあります。

台湾のセーヌ川
©台湾観光局

愛河

高雄市

市内から高雄港に注ぐ愛河は両岸が緑と花に彩られ、川岸にオープンカフェがあるなど市民の憩いの場です。日が暮れると橋がライトアップされ、ネオンが川面に映りひときわロマンチックな風情がただようことから「台湾のセーヌ川」と形容されます。遊覧船「愛の船」に乗り、水上から眺める景色も抜群です。

旧英国領事館

高雄市鼓山区

台湾最古の洋館
©台湾観光局

はるかに南シナ海も展望できる高台にあるバロック様式の洋館で、1865年にイギリス領事館として建てられました。歴史資料の展示を見たりカフェでくつろいだり、高雄港の夜景を堪能したりできるスポットです。

鄭成功が王府を置く
©台湾観光局

安平《あんぴん》古《こ》堡《ほう》

台南市安平区

1624年にオランダ人が築いた台湾最古の城で、台湾統治の中心でした。1662年には鄭成功がオランダ軍を撃退し王府を置きました。資料館で城の歴史や鄭成功の遺品などを見ることができます。

和洋折衷の建築
©台湾観光局

高雄市立歴史博物館

高雄市塩埕区

日本統治時代の1938年に高雄市役所として建てられ、鉄筋コンクリート造りの洋式建築に和風の瓦屋根など日本趣味を採り入れた様式です。館内展示で港町として発展してきた高雄市の歴史を知ることができます。

台湾東部・東北部

三仙台 台東成功鎮

沖合に3つの巨大岩礁があり、3人の仙人が休憩したと伝わることから三仙台の名が付きました。22haもの広さで、かつて陸続きでしたが、浸食で離島になり、龍が海の上を走るようにも見えるアーチ橋が架けられました。

台東 台東県

台東は太平洋に面し、のどかな田園地帯が広がり、山地が海岸に迫っている地域もあります。住民のおよそ半分が先住民です。温泉やリゾートに恵まれ、シュガーアップルなどフルーツの産地としても知られます。

太《た》魯《ろ》閣《こ》渓谷《けいこく》 花蓮市秀林郷

花蓮は台北方面から台東へ向かう時のゲートタウンです。また大理石の産地として名高く、この太魯閣峡谷は、立霧渓の急流が何万年もの歳月をかけて大理石の山を削りあげて誕生した渓谷で、最高600mの断崖絶壁が約20kmも続く様子は壮観です。

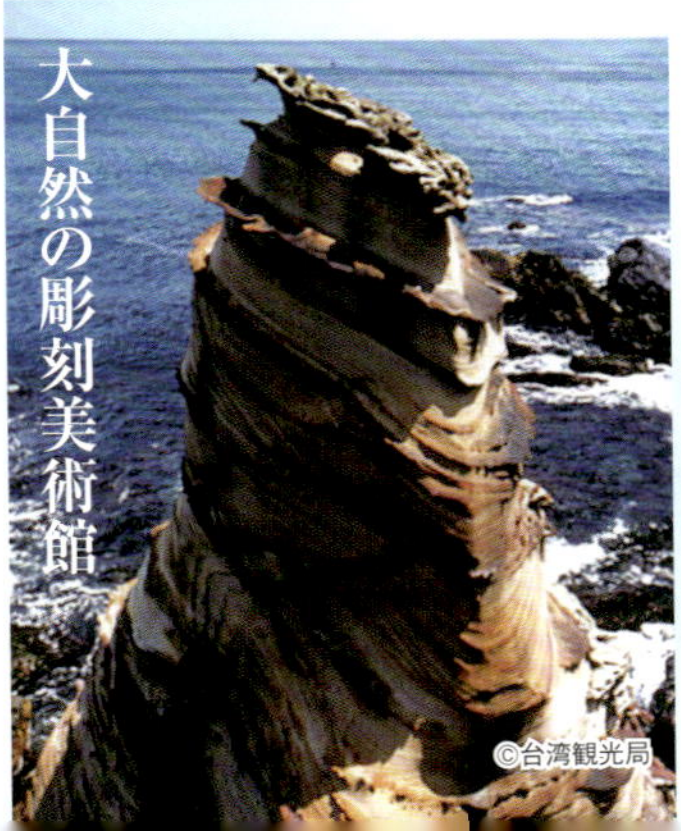

東北角&宜蘭《ぎらん》海岸国家風景区 新北市宜蘭県

台湾東北部にのびる約66kmのリアス式海岸線を含む、総面積1万3725haの景勝地です。入り江や奇岩が点在する海岸線は大自然の彫刻美術館を見るようです。温泉やサイクリング、イルカウオッチングなどでも楽しめます。

金沢市内 八田技師ゆかりの地

生家・生誕地碑 金沢市今町

八田技師の生家は、主屋、西蔵、南蔵が国の登録有形文化財に指定されています。前庭に生誕地碑と顕彰碑があります。

花園小学校 金沢市今町

八田技師の母校である花園小学校校舎内の「花園偉人館」には、八田技師の写真や関連図書などが展示されています。校庭には八田技師の胸像があります。

與一の道モニュメント 金沢市今町

八田技師の生家前を通る市道の愛称が「與一の道」となったことを記念して花園公民館前に設置されました。

八幡神社 金沢市今町

境内に八田技師、親戚で化学者の八田四郎次、同郷で陸軍軍務局長であった佐藤賢了の3人が寄進した灯籠1対があります。

伊東哲ギャラリー 金沢市花園八幡町

八田技師が青少年期によく訪れた伊東家の幼なじみの画家、伊東哲の作品を展示しています。伊東家主屋は国の登録有形文化財です。

金沢ふるさと偉人館

金沢市下本多町

八田技師に関する常設展示コーナーがあります。同館は金沢ゆかりの「近代日本を支えた偉人たち」として、国際的国家的業績をあげた人びとを顕彰する展示を行い、八田技師のコーナーは2004年5月に開設されました。また、2008年に台湾の実業家・許文龍氏から贈られた技師の胸像が庭に設置されました。

旧第四高等学校

金沢市広坂2丁目

八田技師が通った旧第四高等学校(四高)の本館は、赤レンガの建物で「旧第四高等中学校本館」として国の重要文化財に指定されています。現在は石川四高記念文化交流館として四高に関する展示があるほか、石川近代文学館の展示もあります。

外代樹夫人像(レプリカ)

金沢市南町

2013年9月に台湾・台南市の八田與一記念公園に建立された外代樹夫人像のレプリカが、北國新聞会館1階にあります。実物の2分の1サイズで、同像を制作した彫刻家・村井良樹氏から寄贈されたものです。

旧金沢第一中学校跡地

金沢市本多町

八田技師が通っていた石川県立金沢第一中学校(一中、現・金沢泉丘高)は当時、本多町にありました。そのころ、正門付近にあったモミとアカマツが保存され、本多公園に「桜章校跡地」の碑があります。

【協力いただいた皆さん】（順不同）

台湾政府
　台北駐日経済文化代表処
　交通部観光局・台湾観光協会大阪事務所
　交通部観光局西拉雅国家風景区管理処
台南市
嘉南農田水利会
八田與一文化芸術基金会
日勝生加賀屋国際温泉飯店

石川県
金沢市
金沢ふるさと偉人館
金沢大学
山形大学
仙台市立図書館
仙台文学館
金沢泉丘高校
一泉同窓会
済美会
八田技師夫妻を慕い台湾と友好の会

虫プロダクション
花園小学校
花園校下町会連合会
花園公民館
河原市用水土地改良区
明達寺
松任ふるさと館

伊東平隆氏
中川耕二氏
松田章一氏
徐 金 錫 氏
長井賢誓氏
佐藤玲子氏
深尾　立氏
八田綾子氏
八田　守氏
八田修一氏
八田誠二氏
八田峰夫氏

松任谷良子氏
阿部康子氏
宮地聰齋氏
濱田直嗣氏
中川喜子氏
許 文 龍 氏
片倉佳史氏
徳光重人氏
陳 文 筆 氏
喜多浩一氏
長井珠子氏
丁子智恵子氏
森川昌平氏
嶌村義隆氏

【参考文献】

日置謙編『石川県河北郡誌』（1920年）

台湾水利協会『台湾の水利』第12巻第5号 故八田、湯本、市川三氏追悼号（1942年9月）

文芸台湾社『文芸台湾』第4巻第6号（1942年9月）

八田外代樹発行『水明り 故八田與一追偲録』（1943年5月）

古川勝三著『台湾を愛した日本人 嘉南大圳の父八田与一の生涯』（1989年）。本書は2009年に改訂版『台湾を愛した日本人 土木技師八田與一の生涯』として刊行されました。

斎藤充功著『百年ダムを造った男 土木技師八田与一の生涯』（1997年）

中島利郎・河原功編『日本統治期台湾文学日本人作家作品集』第3巻、第4巻（1998年）

「花園に生きる」編集委員会編『花園に生きる 金沢市花園公民館創立五十周年記念誌』（1999年）

中川耕二著『嘉南大圳事業研究序論 烏山頭水庫について』（2008年）

許光輝監修『東洋一のダムを作った日本人』（2011年）

高橋裕著『土木技術者の気概 廣井勇とその弟子たち』（2014年）

片倉佳史著『古写真が語る台湾 日本統治時代の50年 1895―1945』（2015年）

回想《かいそう》の八田與一《はったよいち》

家族やゆかりの人の証言でつづる

発行日　2016（平成28）年12月15日　第1版第1刷
　　　　2017（平成29）年 3月13日　第1版第2刷

編　者　北國新聞社出版局

発　行　北國新聞社

〒920-8588
石川県金沢市南町２番１号
TEL 076-260-3587（出版局）
FAX 076-260-3423
電子メール syuppan@hokkoku.co.jp

ISBN978-4-8330-2085-5 C0023